# すごいぞ!
# オリンピック パラリンピックの大記録

講談社 編

世の中への扉

講談社

# すごいぞ！
# オリンピック
# パラリンピックの
# 大記録

講談社

## 記録の数だけドラマがある

たった1㎜。たった0・01秒。

わずかな記録の差によって、メダルの色は変わり、栄光と挫折《ざせつ》は入れかわります。だからアスリートは「記録」にこだわるのです。

2000年シドニー大会で、女子マラソンをオリンピック記録で制《せい》した高橋尚子《たかはしなおこ》はこう言いました。

「オリンピックっていうのは、人生が変わった場所ですね」

1984年ロサンゼルス大会で、柔道《じゅうどう》男子無差別級の金メダルを獲得《かくとく》した山下泰裕《やましたやすひろ》はこう言いました。

### オリンピック　国別メダル総獲得数《そうかくとくすう》

冬季オリンピック（1924年〜2014年）

| 順位 | 国 | 金 | 銀 | 銅 | 合計 |
|---|---|---|---|---|---|
| 1 | ドイツ | 136 | 135 | 106 | 377 |
| 2 | ロシア | 136 | 103 | 102 | 341 |
| 3 | ノルウェー | 118 | 111 | 100 | 329 |
| 4 | アメリカ | 96 | 102 | 84 | 282 |
| 5 | カナダ | 62 | 55 | 53 | 170 |
| 6 | オーストリア | 59 | 78 | 81 | 218 |
| 7 | スウェーデン | 50 | 40 | 54 | 144 |
| 8 | スイス | 50 | 40 | 48 | 138 |
| 9 | フィンランド | 42 | 62 | 57 | 161 |
| 10 | イタリア | 37 | 34 | 43 | 114 |
| 15 | 日本 | 10 | 17 | 18 | 45 |

夏季オリンピック（1896年〜2012年）

| 順位 | 国 | 金 | 銀 | 銅 | 合計 |
|---|---|---|---|---|---|
| 1 | アメリカ | 978 | 754 | 666 | 2398 |
| 2 | ロシア | 575 | 483 | 475 | 1533 |
| 3 | ドイツ | 409 | 434 | 463 | 1306 |
| 4 | イギリス | 240 | 275 | 272 | 787 |
| 5 | フランス | 203 | 221 | 247 | 671 |
| 6 | イタリア | 199 | 166 | 186 | 551 |
| 7 | 中国 | 201 | 149 | 129 | 479 |
| 8 | ハンガリー | 168 | 145 | 164 | 477 |
| 9 | スウェーデン | 141 | 162 | 175 | 478 |
| 10 | オーストラリア | 138 | 154 | 181 | 473 |
| 11 | 日本 | 130 | 126 | 144 | 400 |

順位は、金メダル数の多い順になっています。「ドイツ」には西ドイツと東ドイツ、「ロシア」にはソ連などを含みます。

「一所懸命《いっしょけんめい》努力をしても、苦しい練習をしても、かならずしもそれで優勝《ゆうしょう》ができる、メダルをとれるとは限《かぎ》らない」

オリンピックとパラリンピックで選手の首にかけられたメダルの総数《そうすう》は、2012年のロンドン夏季大会、2014年のソチ冬季大会までで、3万7819個《こ》にもなります。

そのメダルの数だけ、いやもっと、アスリートの人生をかけたドラマがあります。

そして、2016年リオデジャネイロでも2020年《ねん》東京《とうきょう》でも、新たな記録がたくさん生まれ、忘《わす》れることのできない記憶《きおく》を刻《きざ》みこんでくれるはずです。

さあ、記録をめぐる旅に出かけましょう！

## パラリンピック　国別メダル総獲得数《そうかくとくすう》

冬季パラリンピック（1976年～2014年）

| 順位 | 国 | 金 | 銀 | 銅 | 合計 |
|---|---|---|---|---|---|
| 1 | ノルウェー | 135 | 103 | 81 | 319 |
| 2 | ドイツ | 130 | 113 | 102 | 345 |
| 3 | オーストリア | 104 | 113 | 108 | 325 |
| 4 | アメリカ | 98 | 104 | 77 | 279 |
| 5 | ロシア | 94 | 96 | 66 | 256 |
| 6 | フィンランド | 76 | 48 | 59 | 183 |
| 7 | フランス | 52 | 47 | 52 | 151 |
| 8 | スイス | 50 | 55 | 48 | 153 |
| 9 | カナダ | 43 | 43 | 49 | 135 |
| 10 | スウェーデン | 26 | 32 | 41 | 99 |
| 12 | 日本 | 20 | 28 | 32 | 80 |

夏季パラリンピック（1960年～2012年）

| 順位 | 国 | 金 | 銀 | 銅 | 合計 |
|---|---|---|---|---|---|
| 1 | アメリカ | 696 | 621 | 651 | 1968 |
| 2 | イギリス | 519 | 517 | 504 | 1540 |
| 3 | ドイツ | 456 | 442 | 424 | 1322 |
| 4 | カナダ | 366 | 307 | 305 | 978 |
| 5 | フランス | 326 | 321 | 310 | 957 |
| 6 | オーストラリア | 323 | 334 | 309 | 966 |
| 7 | オランダ | 255 | 216 | 196 | 667 |
| 8 | ポーランド | 250 | 229 | 183 | 662 |
| 9 | 中国 | 237 | 188 | 147 | 572 |
| 10 | スウェーデン | 217 | 209 | 156 | 582 |
| 15 | 日本 | 109 | 101 | 115 | 325 |

## すごいぞ！　オリンピック・パラリンピックの大記録

### 第1章　夏季オリンピック　その1

## 第２章　夏季オリンピック　その２

## 第3章　冬季オリンピック



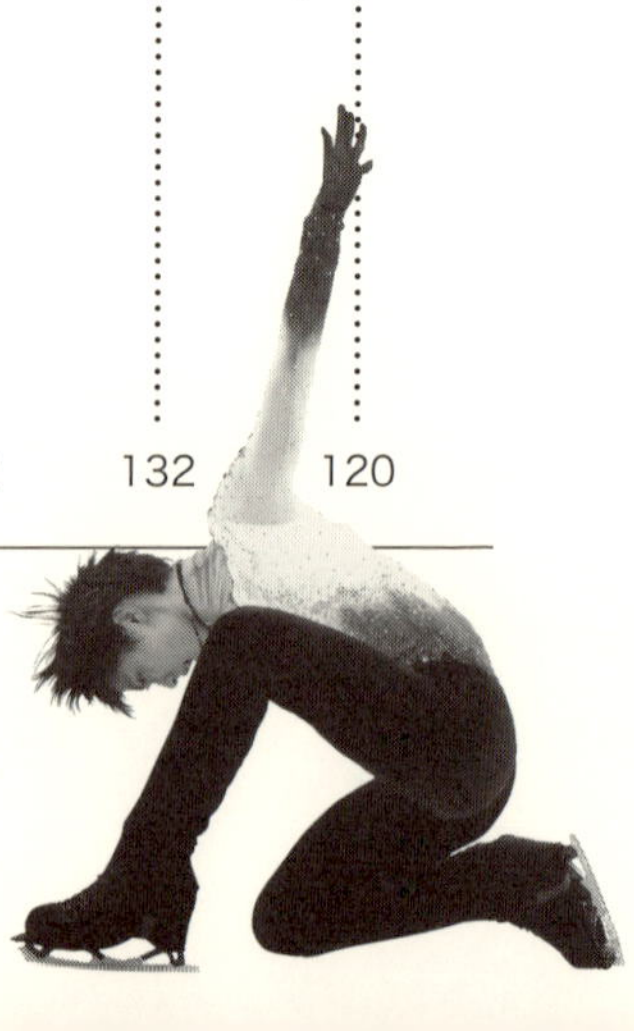

## 第4章　パラリンピック

# 第１章
# 夏季オリンピック その1

１８９６年にギリシャの首都アテネで始まった
４年に１度開催《かいさい》されるスポーツの祭典《さいてん》、
それがオリンピックです。
世界中のトップアスリートが一堂に会し、
金メダルと世界新記録をめざして競いあうのです。
記録に挑戦《ちょうせん》するアスリートたちの物語、
まずは陸上男子１００ｍのトラックへとご案内しましょう。

# ウサイン・ボルトの「稲妻《いなずま》伝説」

## ●北京《ペキン》、ロンドン、陸上短距離《たんきょり》3種目2大会連続金メダルの大記録

### ウサイン・ボルトの<br>オリンピックと世界選手権《せかいせんしゅけん》

| | 大会 | 種目 | 順位 | 記録 | |
|---|---|---|---|---|---|
| 世 | 2005年 ヘルシンキ | 200m | 8位 | 26秒27 | |
| 世 | 2007年 大阪 | 200m | 2位 | 19秒91 | |
| | | 4×100mリレー | 2位 | 37秒89 | |
| オリンピック | 2008年 北京 | 100m | 金 | 9秒69 | 世界新 |
| | | 200m | 金 | 19秒30 | 世界新 |
| | | 4×100mリレー | 金 | 37秒10 | 世界新 |
| 世 | 2009年 ベルリン | 100m | 1位 | 9秒58 | 世界新 |
| | | 200m | 1位 | 19秒19 | 世界新 |
| 世 | 2011年 大邱 | 100m | ー | ― | |
| | | 200m | 金 | 19秒40 | |
| オリンピック | 2012年 ロンドン | 100m | 金 | 9秒63 | 五輪新 |
| | | 200m | 金 | 19秒32 | |
| | | 4×100mリレー | 金 | 36秒84 | 世界新 |
| 世 | 2013年 モスクワ | 100m | 1位 | 9秒77 | |
| | | 200m | 1位 | 19秒66 | |
| | | 4×100mリレー | 1位 | 37秒36 | |
| 世 | 2015年 北京 | 100m | 1位 | 9秒79 | |
| | | 200m | 1位 | 19秒55 | |
| | | 4×100mリレー | 1位 | 37秒36 | |

オリンピック　世 世界選手権

世界新 世界新記録　五輪新 オリンピック新記録

ー: フライングで失格《しっかく》

2007年の世界選手権大阪《おおさか》大会でボルトを破《やぶ》ったのは、100m、200mともタイソン・ゲイ(アメリカ)、2011年の世界選手権大邱《テグ》大会で100mを制《せい》したのはヨハン・ブレーク(ジャマイカ)でした。

ロンドン大会陸上男子100m 決勝のボルト。

紀元前776年、第1回古代オリンピックで最初に行われた競技《きょうぎ》は1スタディオン（約191m）のコースを走る「競走」でした。

2800年前の人々にとっても、この世でいちばん速く走るのがだれなのかは、最大の関心事だったのです。現在《げんざい》、その問いにこたえるのが陸上100mです。

オリンピックのすべての競技の中でももっとも注目を集め、その金メダリストは、一夜にして世界一の有名人となります。

そんな陸上100mという種目を、北京、ロンドンと2大会連続で圧倒的《あっとうてき》な強さで制《せい》した最強の王者、それがジャマイカのウサイン・ボルトです。

## ボルトvs.パウエル

2008年8月16日、オリンピック北京大会陸上男子100m決勝。

注目は、ふたりのジャマイカ人スプリンターでした。

ひとりは25歳《さい》のアサファ・パウエル。オリンピックや世界選手権《せかいせんしゅけん》での勝利はなかったものの、2005年から何度も世界記録をマークしています。2007年には9秒74と世界記録をさらに更新《こうしん》。陸上界を代表するスーパースターでした。

対抗《たいこう》するのが21歳のボルト。3か月前にパウエルの記録を破《やぶ》り、9秒72の世界記録をマークして大きな注目を集めていました。ボルトは、「おれは世界記録になんか満足してはいない。あくまで目標はオリンピックの金メダルだ」と、金メダルだけを狙《ねら》って北京に乗りこみました。

しかし、ボルトはこのとき、絶対的《ぜったいてき》な王者とは考えられていませんでした。21歳と若く、しかもジュニア時代からずっと200mを中心に戦っていて、100mは北京大会がまだ6戦めだったからです。

２００ｍとくらべ、１００ｍは完璧《かんぺき》な技術《ぎじゅつ》とレース経験《けいけん》が必要な競技《きょうぎ》と言われています。わずか10秒に満たない時間で勝負が決まるため、たったひとつでもミスをおかすと巻《ま》きかえすのがむずかしいためです。完璧な走りをした選手だけが、金メダリストとなれるのです。

ボルトには、経験が不足していました。

また、１００ｍの有力選手のほとんどは身長１８０㎝前後の選手で、身長１９６㎝のボルトは、１００ｍで金メダルをとるには不利だとも言われていました。高身長で足が長いと、足を回転させるために大きな力が必要となり、トップスピードになるまでに、ほかの選手より時間がかかってしまうからです。

たしかにボルトは、スタートでほかの選手に遅《おく》れることが少なくありませんでした。

ボルトとパウエルは、北京大会の約１か月前にストックホルムで行われた国際《こくさい》陸上競技大会「DN《ディーエヌ》ガラン」に出場し、100ｍで対決しました。このときはパウエル（左）が勝ったのですが。

## 「鳥の巣」に衝撃《しょうげき》が走った

ボルトは4レーン、パウエルは7レーン。リラックスした表情《ひょうじょう》のボルトと、けわしい表情のパウエルです。

「オン・ユア・マーク（位置について）……セット（用意）……バン！」

5レーン、トリニダード・トバゴのリチャード・トンプソンが抜群《ばつぐん》のスタートを切って飛びだしました。

やはり、スタートがあまりよくなかったボルトは、その横でもがくようにしながら、巨体《きょたい》を前に押《お》しだします。

しかし30mをこえたあたりで、ボルトは力強く加速しはじめました。50mで、先頭に立つボルト。パウエルはのびてきません。

そこからのボルトは圧巻《あっかん》でした。長い足が速く回転しだすと、だれもついていけません。ほかの選手は100mを走るのに45歩が必要なのに、ボルトはわずか41歩。その歩幅《ほはば》は最大3mにもなります。

人間の競技《きょうぎ》にサラブレッドがまぎれこみ、全力で駆《か》けぬけていくようで、差は広がる一方です。

80mでボルトは首を左右に振《ふ》り周囲を確認《かくにん》しました。けれど、もうだれの姿《すがた》も見当たりません。

勝利を確信したボルトは、両手を広げて、ゴールに飛びこみます。

「勝ったのはおれだ。おれを見るんだ!」

まるでそう言っているかのように、ボルトは自分の胸《むね》を叩《たた》きました。

記録はなんと9秒69! 人類がはじめて9秒7の壁《かべ》を破《やぶ》った瞬間《しゅんかん》でした。「鳥の巣」とよばれる北京オリンピックスタジアムに、太平洋《たいへいよう》のむこうのジャマイカにも届《とど》くような大歓声《だいかんせい》がわきあがりました。ボルトは左手をつきあげ、右手を胸の前でかまえると、天を指差すポーズをとりました。

**北京大会 陸上男子100m決勝**

| 順位 | 記録 | 選手（国） | |
|---|---|---|---|
| 金 | 9秒69 | ウサイン・ボルト（ジャマイカ） | 世界新 |
| 銀 | 9秒89 | リチャード・トンプソン（トリニダード・トバゴ） | |
| 銅 | 9秒91 | ウォルター・ディックス（アメリカ） | |

日本選手の最高成績《せいせき》は塚原直貴《つかはらなおき》の準決勝敗退《じゅんけっしょうはいたい》（10秒16）。

ウサイン・ボルトのニックネームである「ライトニング・ボルト（稲妻《いなずま》）」を表したポーズです。新しい史上最速の男は、衝撃的《しょうげきてき》な世界新記録をうちたてたのでした。

それから4日後の8月20日、ボルトがもっとも得意とする200mの決勝が行われました。100mとはちがい、大本命としての登場です。

ボルトはいいスタートを切りました。第3コーナーから第4コーナーへ、カーブもスムーズに回っていきます。ぐんぐん加速するボルト。直線に入って残り50mの時点で、ボルトはもう完全に独《ど》走《そう》です。

ゴール。19秒30。世界新記録。

わずか4日前に、世界新記録で金メダルを獲得《かくとく》

これが「ライトニング・ボルト」ポーズです。

したボルトが、ふたたび世界新記録で勝利したのです。しかも毎秒0・9mという強いむかい風の中です。

衝撃《しょうげき》はそれだけでは終わりませんでした。2日後の22日、4×100mリレーにジャマイカチームの第3走者として出場したボルトは、37秒10の世界新記録で優勝《ゆうしょう》しました。

「金メダリストになることだけを考えていた。世界新記録もマークできて最高だ」

ボルトは、陸上短距離《たんきょり》で、3つの世界新記録と3つの金メダルという史上初の快挙《かいきょ》を達成したのです。

## 極限《きょくげん》の世界新記録

オリンピック北京大会から1年後の2009年8月、ボルトはベルリン（ドイツ）で行われた世界選手権《せかいせんしゅけん》に出場しました。

金メダリストになってからというもの、どこに行ってもファン

**北京大会 陸上男子200m決勝**

| 順位 | 記録 | 選手（国） | |
|---|---|---|---|
| 金 | 19秒30 | ウサイン・ボルト（ジャマイカ） | 世界新 |
| 銀 | 19秒96 | ショーン・クロフォード（アメリカ） | |
| 銅 | 19秒98 | ウォルター・ディックス（アメリカ） | |

日本選手の最高成績《せいせき》は高平慎士《たかひらしんじ》の2次予選敗退《はいたい》（20秒63）。

とマスコミにかこまれ、まったく落ちつかない日々でした。ボルトはクラブでおどり、酒を飲み、ハリウッドスターと友達になりました。満足な練習をしていなかったばかりか、4か月前には、ジャマイカで車が大破《たいは》する交《こう》通事故《つうじこ》を起こしました。大切な足に割《わ》れたガラスがつき刺《さ》さり、手術《しゅじゅつ》を余儀《よぎ》なくされたのです。ファンもマスコミも、北京のときの強さはもうもどらないのではと心配していました。

しかし、この世界選手権《せかいせんしゅけん》で、世界はふたたび稲妻《いなずま》が落ちたような衝撃《しょうげき》を受けることになったのです。

100m決勝1位、9秒58。

**陸上男子100m 世界新記録の歴史**

| 年月 | 記録 | 選手（国） |
|---|---|---|
| 1991年6月 | 9秒90 | リロイ・バレル（アメリカ） |
| 1991年8月 | 9秒86 | カール・ルイス（アメリカ） |
| 1994年7月 | 9秒85 | リロイ・バレル（アメリカ） |
| 1996年7月 | 9秒84◎ | ドノバン・ベイリー（カナダ） |
| 1999年6月 | 9秒79 | モーリス・グリーン（アメリカ） |
| 2005年6月 | 9秒77※ | アサファ・パウエル（ジャマイカ） |
| 2007年9月 | 9秒74 | アサファ・パウエル（ジャマイカ） |
| 2008年5月 | 9秒72 | ウサイン・ボルト（ジャマイカ） |
| 2008年8月 | 9秒69◎ | ウサイン・ボルト（ジャマイカ） |
| 2009年8月 | 9秒58 | ウサイン・ボルト（ジャマイカ） |

※パウエルは2006年6月、8月にも同タイムを記録しています。
◎はオリンピックで達成した記録です。

２００m決勝1位、19秒19。

ボルトは、自身が1年前にうちたてた世界記録を大幅《おおはば》に更新《こうしん》しました。

ライバルたちは、ボルトがこの地球でただひとり別次元の記録に到達《とうたつ》したということを、認《みと》めざるを得ませんでした。

## 「おれは生きる伝説になった」

２０１2年8月5日、オリンピックロンドン大会男子１００m。ボルトのオリンピック2連覇《れんぱ》達成に、世界中が注目していました。

しかし、ボルトの勝利が確実視《かくじつし》されていたわけではありません。

２００9年に世界記録を更新してからというもの、ボルトは目立った記録を出すことができませんでした。背中《せなか》やアキレス腱《けん》に故障《こしょう》を抱《かか》え、満足な練習ができない日々がつづくと、走るリズムもどんどん悪くなりました。本格的《ほんかくてき》なスランプです。

そのころ、同じジャマイカ代表のヨハン・ブレークが台頭してきました。ブレークは22歳《さい》の新鋭《しんえい》で、6月に行われたオリンピック代表を決めるジャマイカ選手権《せんしゅけん》では、100m、200mともボルトを破《やぶ》りました。

4年前の北京で、当時スーパースターだったパウエルを新鋭《しんえい》ボルトが破ったように、このオリンピックで新しい王者が誕生《たんじょう》するのではないかと見られていました。

ロンドン大会100m、いよいよ決勝レースが始まります。

ボルトはスタートがよくありません。ライバルたちは横一線でぐんぐん加速していきます。50m地点、ブレークがわずかに先頭に立ちます。60m、ボルトはどんどん加速していき、ブレークにならびかけました。70m、わずかに前に出るボルト。80m、ついにボルトが完全に抜《ぬ》けだしました。そして、そのままの勢《いきお》いでゴール！　記録は9秒63。ボルト自身の持つ北京大会での記録を破るオリンピック新記録です。

「わかったか。おれがナンバーワンなんだ！」

指を1本つき立てて、ファンの声援《せいえん》にこたえるボルト。そし

**ロンドン大会 陸上男子100m決勝**

| 順位 | 記録 | 選手（国） | |
|---|---|---|---|
| 金 | 9秒63 | ウサイン・ボルト（ジャマイカ） | 五輪新 |
| 銀 | 9秒75 | ヨハン・ブレーク（ジャマイカ） | |
| 銅 | 9秒79 | ジャスティン・ガトリン（アメリカ） | |

日本選手の最高成績《せいせき》は山縣亮太《やまがたりょうた》の準決勝敗退《じゅんけっしょうはいたい》（10秒10）。

て例のライトニング・ボルトのポーズです。スタジアムは熱狂《ねっきょう》につつまれました。ボルトは三たび、世界に稲妻《いなずま》を落としたのでした。

4日後の200mもボルトは圧勝《あっしょう》します。ブレークが勝利するという前評判《まえひょうばん》を、みごとくつがえしたのです。

200mの連覇《れんぱ》はオリンピック史上初、また、100m、200mの2種目を連覇したのもボルトが史上初です。さらに、2日後に行われた4×100mリレーにもジャマイカ代表として出場し、36秒84の世界新記録で金メダルを獲得《かくとく》しました。ボルトは陸上短距離《たんきょり》3種目で、2大会連覇をなしとげたのです。前人未到《ぜんじんみとう》の大記録の達成です。

ボルトは言いはなちました。

「おれは生きる伝説になった。こんなに幸せなことはない」

**ロンドン大会 陸上男子200m決勝**

| 順位 | 記録 | 選手（国） |
|---|---|---|
| 金 | 19秒32 | ウサイン・ボルト（ジャマイカ） |
| 銀 | 19秒44 | ヨハン・ブレーク（ジャマイカ） |
| 銅 | 19秒84 | ウォーレン・ウィアー（ジャマイカ） |

日本選手の最高成績《せいせき》は高瀬慧《たかせけい》の準決勝敗退《じゅんけっしょうはいたい》（20秒70）。

カール・ルイスはロサンゼルス大会とソウル大会の100mを連覇《れんぱ》しました（62ページ）。長い歴史の中でもこの種目で連覇を達成したのはルイスとボルトだけです。

## 陸上男子100mの金メダリストたち（東京《とうきょう》大会以降《いこう》）

| 大会 | 記録 | 選手（国） | |
|---|---|---|---|
| 1964年 東京 | 10秒00 | ボブ・ヘイズ（アメリカ） | |
| 1968年 メキシコシティ | 9秒95 | ジム・ハインズ（アメリカ） | 世界新 |
| 1972年 ミュンヘン | 10秒14 | ワレリー・ボルゾフ（ソ連） | |
| 1976年 モントリオール | 10秒06 | ヘイズリー・クロフォード（トリニダード・トバゴ） | |
| 1980年 モスクワ | 10秒25 | アラン・ウェルズ（イギリス） | |
| 1984年 ロサンゼルス | 9秒99 | カール・ルイス（アメリカ） | |
| 1988年 ソウル | 9秒92 | カール・ルイス（アメリカ） | 世界新 |
| 1992年 バルセロナ | 9秒96 | リンフォード・クリスティ（イギリス） | |
| 1996年 アトランタ | 9秒84 | ドノバン・ベイリー（カナダ） | 世界新 |
| 2000年 シドニー | 9秒87 | モーリス・グリーン（アメリカ） | |
| 2004年 アテネ | 9秒85 | ジャスティン・ガトリン（アメリカ） | |
| 2008年 北京 | 9秒69 | ウサイン・ボルト（ジャマイカ） | 世界新 |
| 2012年 ロンドン | 9秒63 | ウサイン・ボルト（ジャマイカ） | 五輪新 |

## 陸上女子100mの金メダリストたち（東京大会以降《いこう》）

| 大会 | 記録 | 選手（国） | |
|---|---|---|---|
| 1964年 東京 | 11秒40 | ワイオミア・タイアス（アメリカ） | |
| 1968年 メキシコシティ | 11秒08 | ワイオミア・タイアス（アメリカ） | 世界新 |
| 1972年 ミュンヘン | 11秒07 | レナーテ・シュテヒャー（東ドイツ） | 世界新 |
| 1976年 モントリオール | 11秒08 | アンネグレート・リヒター（西ドイツ） | |
| 1980年 モスクワ | 11秒06 | リュドミラ・コンドラチェワ（ソ連） | |
| 1984年 ロサンゼルス | 10秒97 | エベリン・アシュフォード（アメリカ） | 五輪新 |
| 1988年 ソウル | 10秒54 | フローレンス・グリフィス=ジョイナー（アメリカ） | 五輪新 |
| 1992年 バルセロナ | 10秒82 | ゲイル・ディバース（アメリカ） | |
| 1996年 アトランタ | 10秒94 | ゲイル・ディバース（アメリカ） | |
| 2000年 シドニー | — | —※ | |
| 2004年 アテネ | 10秒93 | ユリヤ・ネステレンコ（ベラルーシ） | |
| 2008年 北京 | 10秒78 | シェリー＝アン・フレーザー＝プライス（ジャマイカ） | |
| 2012年 ロンドン | 10秒75 | シェリー＝アン・フレーザー＝プライス（ジャマイカ） | |

※マリオン・ジョーンズ（アメリカ）が10秒75の記録で金メダルを獲得《かくとく》しましたが、のちに禁止《きんし》薬物《やくぶつ》の使用が発覚して失格《しっかく》となり、メダルも剥奪《はくだつ》されました（153ページ）。

152cmと小柄《こがら》なシェリー＝アン・フレーザー＝プライス。北京大会でジャマイカ人女性初の100m金メダリストとなり、ロンドン大会も制《せい》して連覇《れんぱ》をなしとげました。

フローレンス・グリフィス＝ジョイナーがソウル大会で出した10秒54のオリンピック記録、全米選手権《ぜんべいせんしゅけん》で出した10秒49の世界記録はいまだに破《やぶ》られていません。

# 「チーム朝原《あさはら》」はどうやって銅《どう》メダルを獲得《かくとく》したのか

## ●男子4×100mリレーで悲願の陸上短距離《たんきょり》初メダル

北京大会 男子4×100mリレー

**決勝**

| 順位 | 国 | 記録 |
|---|---|---|
| 金 | ジャマイカ | 37秒10 世界新 |
| 銀 | トリニダード・トバゴ | 38秒06 |
| 銅 | 日本（朝原宣治、塚原直貴、末續慎吾、高平慎士） | 38秒15 |
| 4位 | ブラジル | 38秒24 |
| 5位 | ドイツ | 38秒58 |
| 6位 | カナダ | 38秒66 |
|  | 中国 | 失格 |
|  | オランダ | 失格 |

**予選1組**

| 順位 | 国 | 記録 |
|---|---|---|
| 1位 | トリニダード・トバゴ | 38秒26 |
| 2位 | 日本 | 38秒52 |
| 3位 | オランダ | 38秒87 |
| 4位 | ブラジル | 39秒01 |
|  | ナイジェリア | 途中棄権 |
|  | ポーランド | 途中棄権 |
|  | 南アフリカ | 途中棄権 |
|  | アメリカ | 途中棄権 |

**予選2組**

| 順位 | 国 | 記録 |
|---|---|---|
| 1位 | ジャマイカ | 38秒31 |
| 2位 | カナダ | 38秒77 |
| 3位 | ドイツ | 38秒93 |
| 4位 | 中国 | 39秒13 |
| 5位 | タイ | 39秒40 |
| 6位 | フランス | 39秒53 |
|  | イギリス | 失格 |
|  | イタリア | 失格 |

予選は4位まで決勝進出。

左から塚原、末續、高平、朝原。快挙を達成したメンバーです。

北京《ペキン》大会陸上男子4×100mリレー決勝。ウサイン・ボルトを擁《よう》するジャマイカが37秒10の世界新記録で優勝《ゆうしょう》したとき、日本も快挙《かいきょ》を達成しました。

日本は3位でした。オリンピックの短距離競《たんきょりきょう》技《ぎ》初、男子トラック競技初のメダルを獲得《かくとく》したのです。アンカーの朝原宣治《あさはらのぶはる》を中心に、塚原直《つかはらなお》貴《き》、末續慎吾《すえつぐしんご》、高平慎士《たかひらしんじ》の4人が、日本の陸上競技の歴史に新たなページを書き加えました。

かれらは「チーム朝原」とよばれていました。朝原は陸上短距離ではめずらしい36歳《さい》、オリンピック4回出場の大ベテラン選手です。

ここではまず、その朝原とともに歩んだリレーの歴史をふりかえってみましょう。

## 「朝原さんにメダルを！」

日本の4×100mリレーの成績《せいせき》は、栄光とかけはなれたものでした。1932年のロサンゼルス大会でこそ、のちに100mで世界タイ記録（10秒3）を達成した吉岡隆徳《よしおかたかよし》を中心にしたチームが5位に入賞しましたが、その後はずっと、メダルはおろか決勝進出もかないませんでした。

1990年代に入ると、日本陸上関係者はリレーに力を入れるようになります。日本人ならではのチームワークでバトンパスの精度《せいど》を上げれば、身体能力《のうりょく》の差を埋《う》められるのではないかと考えたからです。そして、その努力が実を結び、日本は1992年のバルセロナ大会で、60年ぶりに6位入賞をはたしました。

つづく1996年のアトランタ大会は朝原が100mで、伊東浩司《いとうこうじ》が200mでそれぞれ日本新記録を出し、リレーにも期待が集まりました。しかし予選でまさかのバトンミス。あえなく失格《しっかく》となります。2000年のシドニー大会は6位入賞。2004年アテネ大会では、オリンピック3度めの挑戦《ちょうせん》となる朝原が驚異《きょうい》の追いあげをみせるも、4位に終わります。日本人ではじめて100m10秒0台の記録を出し、10年以上も世界と戦いつづけた朝原ですが、またしてもオリンピックのメダルには手が届《とど》きませんでした。

このレースの後、32歳《さい》の朝原は「若《わか》い人が世界を見据《みす》えがんばってほしい」とコメントしたため、だれもが一線を退《しりぞ》く日が近いのではないかと感じました。

朝原は引退《いんたい》レースのつもりで2007年に大阪《おおさか》で行われた世界選《せかいせん》手権《しゅけん》に出場します。メンバーは塚

## 陸上4×100mリレー 日本チームのオリンピック全記録

| 大会 | 選手 | 記録 | 順位 |
|---|---|---|---|
| 1928年 アムステルダム | 相沢巌夫、井沼清七、大沢重憲、南部忠平 | 43秒6 | 予選敗退 |
| 1932年 ロサンゼルス | 阿武巌夫、中島亥太郎、南部忠平、吉岡隆徳 | 41秒3 | 5位 |
| 1936年 ベルリン | 鈴木聞多、谷口睦夫、矢沢正雄、吉岡隆徳 | — | 予選失格 |
| 1956年 メルボルン | 赤木完次、潮喬平、清藤亨、田島政治 | 41秒3 | 準決勝敗退 |
| 1960年 ローマ | 大串啓二、岡崎高之、柴田宏、早瀬公忠 | 42秒2 | 準決勝敗退 |
| 1964年 東京 | 浅井浄、飯島秀雄、蒲田勝、室洋二郎 | 40秒6 | 準決勝敗退 |
| 1968年 メキシコシティー | 阿部直紀、飯島秀雄、小倉新司、山田宏臣 | 40秒0 | 予選敗退 |
| 1988年 ソウル | 青戸慎司、栗原浩司、高野進、山内健次 | 38秒90 | 準決勝敗退 |
| 1992年 バルセロナ | 青戸慎司、井上悟、杉本龍勇、鈴木久嗣 | 38秒77 | 6位 |
| 1996年 アトランタ | 朝原宣治、伊東浩司、井上悟、土江寛裕 | — | 予選失格 |
| 2000年 シドニー | 伊東浩司、朝原宣治、小島茂之、末續慎吾 | 38秒66 | 6位 |
| 2004年 アテネ | 土江寛裕、末續慎吾、高平慎士、朝原宣治 | 38秒49 | 4位 |
| 2008年 北京 | 塚原直貴、末続慎吾、高平慎士、朝原宣治 | 38秒15 | 銅 |
| 2012年 ロンドン | 山縣亮太、江里口匡史、高平慎士、飯塚翔太 | 38秒35 | 5位 |

原、末續、高平、朝原です。スタート前、末續がさけびました。

「朝原さんにメダルをあげるぞ！」

長く日本の陸上界をひっぱってきた朝原に恩返《おんがえ》ししたい。その思いにチームはひとつになりました。

結果はおしくも5位でしたが、末續の言葉が朝原の心に火をつけました。朝原は、「体が動くのにいまやめたら後悔《こうかい》する」と言って、36歳《さい》での北京大会挑戦《ちょうせん》を宣言《せんげん》したのです。

## つながるバトン

北京大会の予選は大波乱《だいはらん》となりました。日本は1組でしたが、優勝候補《ゆうしょうこうほ》のアメリカと強豪《きょうごう》ナイジェリアがバトンミスで途中棄権《とちゅうきけん》となり、日本は2位で予選通過《つうか》となります。全体でも3位の好タイムで、一気にメダルが見えてきました。

そしてむかえた決勝。第1走者は、気持ちが強くスタートがうまい塚原。足をいためていましたが絶妙《ぜつみょう》のスタートを決め、トップタイで2走の末續にバトンをわた

高平（中）からバトンを受けとったアンカー朝原（左）。

します。２００m日本記録保持者《ほじしゃ》でもある末續は会心の走りをみせ、ジャマイカに離《はな》されず、コーナリングのうまい3走の高平にバトンをわたします。ジャマイカのボルトがすでに抜《ぬ》けだしたものの、高平はチームの思いをこめてアンカーの朝原にバトンをつなぎます。バトンパスはここまで完璧《かんぺき》です。高平がさけびます。

「行けー！」

ジャマイカははるか先。トリニダード・トバゴが2位。ブラジルが後ろからせまります。朝原は激走《げきそう》します。あと20m、あと10m……ゴール。3位か？　4位か？

電光掲示板《けいじばん》には、ジャマイカの衝撃的《しょうげきてき》な世界新記録が表示《ひょうじ》されています。2位はトリニダード・トバゴ。なかなかつぎの順位が表示されません。

3位……日本！

バトンを放り投げた朝原。肩《かた》を抱《だ》きあい、さけび、涙《なみだ》するメンバー。

「これまで走ったリレーメンバーすべてに感謝《かんしゃ》したい。これまでのつみ重ねから生まれたメダルだと思う」

朝原はそう言って、喜びをかみしめました。

# 「最強女子」吉田沙保里《よしださおり》インタビュー

## ●「記録は後からついてくるものです!」

ロンドン大会で吉田はオリンピック3連覇《れんぱ》を達成しました。肩車《かたぐるま》をしているのは、栄和人監督《さかえかずひとかんとく》です。

左の表を見てください。レスリング吉田沙保里《よしださおり》の2001年から2015年までの全成績《ぜんせいせき》です。2002年以降《いこう》敗れたのは2度だけで、まさに無敵《むてき》。史上最強のレスリング選手が吉田です。そんな吉田はどのようにしてレスリングに出会ったのでしょうか。

「父親が指導者《しどうしゃ》で、家の中に道場があったので、3歳《さい》くらいからやっていました。遊びたいのに、休みもなく毎日が練習なので、正直いやでした(笑)」

## 吉田沙保里 2001年～2015年全成績《ぜんせいせき》

| 成績 | 勝敗 |
|---|---|
| 2001年　14勝3敗 | ○●　○○○　○○○○　○●　○　○○○●○ |
| 2002年　28勝0敗 | ○○○○　○○○○　○○○○　○○　○○○○<br>世○○○○○　○○○○○ |
| 2003年　18勝0敗 | ○○○○　世○○○○○○　ワ○○○○○○　○○ |
| 2004年　20勝0敗 | ○○○　○○○○　オ○○○○　○○　ワ○○○○○　○○ |
| 2005年　19勝0敗 | ○○　ワ○○○　○○○　○○○　世○○○○○　○○○ |
| 2006年　14勝0敗 | ○○○　ワ○○○　世○○○○○　○○○ |
| 2007年　18勝0敗 | ○○○　○○○　○○○　世○○○○○○　○○○ |
| 2008年　19勝1敗 | ワ○●　○○○○　○○○　オ○○○○　世○○○○<br>○○○ |
| 2009年　12勝0敗 | ○○○○　世○○○○○　○○○ |
| 2010年　15勝0敗 | ○○○　世○○○○○　○○○○　○○○ |
| 2011年　11勝0敗 | ○○○　世○○○○○　○○○ |
| 2012年　10勝1敗 | ワ○○●　オ○○○○　世○○○○ |
| 2013年　12勝0敗 | ○○○　世○○○○○　○○○○ |
| 2014年　18勝0敗 | ワ○○○　○○○　世○○○○　○○○○　○○○○ |
| 2015年　11勝0敗 | ○○○　世○○○○○　○○○ |

オ: オリンピック　世: 世界選手権《せかいせんしゅけん》　ワ: ワールドカップ（団体戦《だんたいせん》）

ロンドン大会決勝、トーニャ・バービーク（カナダ）と対戦する吉田。

父・吉田栄勝《よしだえいかつ》は1973年の全日本レスリング選手権《せんしゅけん》で優勝《ゆうしょう》した元選手、母もテニスで国体出場経験《けいけん》があり、おかげで吉田も運動神経抜群《しんけいばつぐん》な少女でした。

「小学校の卒業文集には、将来《しょうらい》なりたい職業《しょくぎょう》は『スーパーのレジ係』って書いてました（笑）。それが中学2年生のときに、1996年のアトランタ大会をテレビで見たんです。柔道《じゅうどう》の田村亮子《たむらりょうこ》選手（94ページ）が小さな体なのに、大きな選手を投げ飛ばしていて、かっこいい！　ってあこがれました。それから、オリンピックが目標になりましたね。もう父にやらされてるとは思わなくなりました」

## 父と母の教え

吉田が大学1年生の秋のこと、2004年のアテネ大会から女子レスリングがオリンピックの正式種目になることが決まりました。吉田は2歳《さい》年上のライバル山本《やまもと》聖子《せいこ》との3年間にわたる代表争いに勝ち、オリンピック代表に選ばれます。

「アテネ大会は、わたしが大学4年生のときだったんですが、プレッシャーもいまほどありませんでした。ずっとあこがれていたオリンピックです。選手村ってこんなふうになっているんだ！　って感じで楽しんでいました」

アテネ大会では、準決勝《じゅんけっしょう》は接戦《せっせん》に持ちこまれたものの、強さをみせつけ、金メダルに輝《かがや》きます。まったく動きの読めない高速タックルを、対戦相手はどうしても防《ふせ》ぐことができません。

「子どものころから父が教えてくれたのは『タックルを制《せい》するものは世界を制す』ということでした。『せめろ！』と言われつづけました。父は現役《げんえき》時代、防御《ぼうぎょ》を固め、相手の隙《すき》を突《つ》く戦法だったのですが、オリンピックには結局出場できなかった。だから、父は攻撃的《こうげきてき》なレスリングを求めていました」

その後も吉田の快進撃《かいしんげき》はつづきます。２００２年から２００７年まで女子史上初の世界選手権《せかいせんしゅけん》５連覇《れんぱ》。連勝も１１９までのびました。ところが２００８年１月に行われた団体戦《だんたいせん》のワールドカップで、まったく無名のマルシー・バンデュセン（アメリカ）に敗れてしまいます。マットを降《お》りた吉田は大粒《おおつぶ》の涙《なみだ》を流

**アテネ大会 吉田沙保里の戦い**

| 試合 | 内容 | 対戦相手 |
| --- | --- | --- |
| 1次リーグ | ○テクニカルフォール | 孫冬梅（中国） |
| 1次リーグ | ○テクニカルフォール | ディレッタ・ジャンピッコロ（イタリア） |
| 準決勝 | ○（7－6） | アンナ・ゴミズ（フランス） |
| 決勝 | ○（6－0） | トーニャ・バービーク（カナダ） |

しました。忘《わす》れていた敗北の痛《いた》みが胸《むね》につき刺《さ》さります。

「得意技《とくいわざ》のタックルを切りかえされて、ポイントをとられたんです。もう世界中から研究されていました。きっと勝ちつづけることで、わたしの気持ちがゆるんでいたんですね」

バンデュセンはタックルの返し技にかけていました。のちにこの技だけを何千回も練習したと語っています。

敗北をひきずっていたとき、吉田は母から忘れられない言葉をかけられます。

「119連勝しているっていうことは、あなたに負けた119人の人が涙《なみだ》を流している。あなたはただ1回負けただけ」

2008年、北京《ペキン》大会のマットにいたのは、絶対《ぜったい》王者の吉田でした。決勝の相手は地元の許莉《シュリ》(中国《ちゅうごく》)でしたが、右足タックルから、おさえこんでフォール勝ち。

「くやしさを忘れないようにずっと部屋の壁《かべ》に、負けたときの

**北京大会 吉田沙保里の戦い**

| 試合 | 内容 | 対戦相手 |
|---|---|---|
| 1回戦 | ○(3－1、4－0) | イダテレース・ネレル(スウェーデン) |
| 2回戦 | ○(2－1、4－0) | ナタリア・ゴルツ(ロシア) |
| 準決勝 | ○(2－0、6－0) | トーニャ・バービーク(カナダ) |
| 決勝 | ○フォール | 許莉(中国) |

新聞を貼《は》っていました。技術面《ぎじゅつめん》では、タックルをすべて見直し、練習も基本《きほん》からやり直しました。だから切りかえされる不安がなくタックルに入れたんです」

## オリンピック3連覇《れんぱ》、そして……

吉田はその後も連勝を重ねますが、58連勝を達成した後の2012年、ワールドカップ団体戦《だんたいせん》で、ふたたび19歳《さい》のワレリア・ジョロボワ（ロシア）に敗れてしまいます。

「この負けはロンドン大会までひきずりました。ロンドンでは、いままで感じたことがないプレッシャーを受けていました。試合直前の練習でも調子が出なかったので、優勝《ゆうしょう》はあきらめて、銅《どう》でいいからメダルを持って帰ろうと思っていました」

吉田の登場する55kg級の前日には、63kg級で伊調馨《いちょうかおり》が先にオリンピック3連覇をなしとげ、48kg級でも小原日登美《おばらひとみ》が金メダルを獲得《かくとく》します。

「ふたりに金メダルをみせてもらったんです。ロンドンのメダルって440gもあるんですよ。大きくて、重たいんです。そのとき急に思いだしました。5歳のときに、はじめて試合で負けたことを。勝った男の子は金メダルをぶらさげていて、わたしが泣きながら父に『金メダルがほしい!』って言ったら、父は『金メダルはたくさん練習して強くなって、勝った子しかもらえないんだよ。スーパーやコンビニには売ってないから、がんばりなさい』とはげましてくれたんです。そんなことを思いだしていたら、やっぱりこのロンドン大会の金メダルが絶対《ぜったい》にほしいと思ったんです」

ふっきれた吉田は危《あぶ》なげなく勝ち進みます。いままでの相手を圧倒《あっとう》するレスリングから、相手の動きを見切って、慎重《しんちょう》に勝ちぬくレスリングへと変化していました。

「わたしを強くしてくれたのは、ふたつの負けです。わたしは負けから学んで強くなりました。練習では絶対気づかないことを試合は教えてくれるんです」

吉田は止まりません。2015年まで前人未到《ぜんじんみとう》の世界選手《せかいせんしゅ》

**ロンドン大会 吉田沙保里の戦い**

| 試合 | 内容 | 対戦相手 |
|---|---|---|
| 2回戦 | ○(1－0、1－0) | ケルシー・キャンベル(米国) |
| 準々決勝 | ○(1－0、2－0) | ユリア・ラトケビッチ(アゼルバイジャン) |
| 準決勝 | ○(1－0、2－0) | ワレリア・ジョロボワ(ロシア) |
| 決勝 | ○(3－0、2－0) | トーニャ・バービーク(カナダ) |

権《けん》13連《れん》覇《ぱ》を達成しました。団《だん》体《たい》戦《せん》をのぞく個《こ》人《じん》戦《せん》ではすでに200連勝をこえました。そして、オリンピック4連覇をめざしてリオデジャネイロ大会にのぞみます。

「みなさん『いま○連勝です！』『○連覇です！』とよく言われますが、わたしはもはや数えていません。昔、100連勝めがかかったときに意《い》識《しき》して緊《きん》張《ちょう》しちゃったことがあって、それから考えるのをやめました（笑）。わたしにとって記録は後からついてくるものです。みなさんが楽しみにしてくれればいいと思っています」

### 吉田沙保里のオリンピックと世界選手権《せかいせんしゅけん》

| | 大会 | 順位 |
|---|---|---|
| 世 | 2002年 ハルキス | 1位 |
| 世 | 2003年 ニューヨーク | 1位 |
| | 2004年 アテネ | 金 |
| 世 | 2005年 ブダペスト | 1位 |
| 世 | 2006年 広州 | 1位 |
| 世 | 2007年 バクー | 1位 |
| | 2008年 北京 | 金 |
| 世 | 2008年 東京 | 1位 |
| 世 | 2009年 ヘアニング | 1位 |
| 世 | 2010年 モスクワ | 1位 |
| 世 | 2011年 イスタンブール | 1位 |
| | 2012年 ロンドン | 金 |
| 世 | 2012年 ストラスコナカウンティ | 1位 |
| 世 | 2013年 ブダペスト | 1位 |
| 世 | 2014年 タシュケント | 1位 |
| 世 | 2015年 ラスベガス | 1位 |

吉田は、オリンピックと世界選手権あわせて16連覇中。これはレスリング男子グレコローマン130kg級のアレクサンドル・カレリン（ロシア）の12連覇を抜《ぬ》く新記録です。カレリンはオリンピック4連覇のかかった2000年のシドニー大会は銀メダルに終わっています。

## 日本レスリング栄光の歴史

レスリングはオリンピックで日本が実績《じっせき》ある競技《きょうぎ》のひとつです。男子は1952年のヘルシンキ大会以降《いこう》（ボイコットしたモスクワ大会をのぞく）、女子はアテネ大会以降の全大会でメダルを獲得《かくとく》、ロンドン大会終了《しゅうりょう》時点で金メダル28個《こ》、銀メダル17個、銅《どう》メダル17個、計62個を獲得しています。

女子ではやはり、吉田と同じくオリンピック3連《れん》覇《ぱ》を達成した伊調馨の実績が光ります。世界選手権《せかいせんしゅけん》を10度制《せい》し、2003年から2016年までの13年間無敗、不戦敗をのぞけば189連勝しました。

2016年1月のヤリギン国際《こくさい》大会で敗れ、連勝記録はストップしてしまったものの、リオデジャネ

**レスリング女子**
**日本の金メダリストたち**

| 大会 | 選手 | 種目 |
|---|---|---|
| 2004年 アテネ | 吉田沙保里 | 55kg級 |
| | 伊調馨 | 63kg級 |
| 2008年 北京 | 吉田沙保里 | 55kg級 |
| | 伊調馨 | 63kg級 |
| 2012年 ロンドン | 小原日登美 | 48kg級 |
| | 吉田沙保里 | 55kg級 |
| | 伊調馨 | 63kg級 |

2012年ロンドン大会準決勝を戦う伊調。

イロ大会では吉田とともに、オリンピック４連覇《れんぱ》が期待されます。

男子は１９６４年の東京大会で５階級で金メダルを獲得《かくとく》するなど、「日本のお家芸」と言われていた時期がありました。近年は金メダリストが出ていませんでしたが、ロンドン大会では米満達弘《よねみつたつひろ》が24年ぶりに、日本に金メダルをもたらしました。

## レスリング男子 日本の金メダリストたち

| 大会 | 選手 | 種目 |
|---|---|---|
| 1952年 ヘルシンキ | 石井庄八 | フリーバンタム級 |
| 1956年 メルボルン | 池田三男 | フリーウェルター級 |
| | 笹原正三 | フリーフェザー級 |
| 1964年 東京 | 吉田義勝 | フリーフライ級 |
| | 渡辺長武 | フリーフェザー級 |
| | 上武洋次郎 | フリーバンタム級 |
| | 市口政光 | グレコローマンバンタム級 |
| | 花原勉 | グレコローマンフライ級 |
| 1968年 メキシコシティ | 中田茂男 | フリーフライ級 |
| | 上武洋次郎 | フリーバンタム級 |
| | 金子正明 | フリーフェザー級 |
| | 宗村宗二 | グレコローマンライト級 |
| 1972年 ミュンヘン | 柳田英明 | フリー57kg級 |
| | 加藤喜代美 | フリー52kg級 |
| 1976年 モントリオール | 高田裕司 | フリー52kg級 |
| | 伊達治一郎 | フリー74kg級 |
| 1984年 ロサンゼルス | 宮原厚次 | グレコローマン52kg級 |
| | 富山英明 | フリー57kg級 |
| 1988年 ソウル | 小林孝至 | フリー48kg級 |
| | 佐藤満 | フリー52kg級 |
| 2012年 ロンドン | 米満達弘 | フリー66kg級 |

ロンドン大会で金メダルを獲得した米満。

北京大会の男子100m平泳ぎで優勝《ゆうしょう》した瞬間《しゅんかん》の北島。

# チョー気持ちいい、なんも言えねえ

## ●北島康介《きたじまこうすけ》、平泳ぎ2種目2連覇《れんぱ》の大記録を達成！

2008年8月11日、北京《ペキン》の国家水泳《こっかすいえい》センターにどよめきが起こりました。北島康介《きたじまこうすけ》が、男子100m平泳ぎでアテネ大会につづき、金メダルを獲得《かくとく》したのです。タイムは58秒91の世界新記録でした。

電光掲示板《けいじばん》の表示《ひょうじ》を見るや、こぶしをつきあげ、大きな声をあげた北島ですが、試合直後のインタビューではなかなか言葉が出てきませんでした。

偉業《いぎょう》をなしとげた北島はなにを言うのだろう。日本中の多くの人が、北島の言葉を待っていました……。

## 北島康介のオリンピックと世《せ》界《かい》選《せん》手《しゅ》権《けん》

| | 大会 | 種目 | 順位 | 記録 | |
|---|---|---|---|---|---|
| | 2000年シドニー | 100m平泳ぎ | 4位 | 1分01秒34 | |
| | | 200m平泳ぎ | 予選17位 | 2分15秒71 | |
| 世 | 2001年 福岡 | 200m平泳ぎ | 3位 | 2分11秒21 | |
| 世 | 2003年 バルセロナ | 100m平泳ぎ | 1位 | 59秒78 | 世界新 |
| | 2004年 アテネ | 100m平泳ぎ | 金 | 1分00秒08 | |
| | | 200m平泳ぎ | 金 | 2分09秒44 | 五輪新 |
| | | 4×100mメドレーリレー | 銅 | 3分35秒22 | 日本新 |
| 世 | 2005年 モントリオール | 100m平泳ぎ | 2位 | 59秒53 | 日本新 |
| | | 50m平泳ぎ | 3位 | 27秒28 | 日本新 |
| 世 | 2007年 メルボルン | 100m平泳ぎ | 2位 | 59秒96 | |
| | | 200m平泳ぎ | 1位 | 2分09秒80 | |
| | 2008年 北京 | 100m平泳ぎ | 金 | 58秒91 | 世界新 |
| | | 200m平泳ぎ | 金 | 2分07秒64 | 五輪新 |
| | | 4×100mメドレーリレー | 銅 | 3分31秒18 | 日本新 |
| 世 | 2011年 上海 | 100m平泳ぎ | 4位 | 1分00秒03 | |
| | 2012年 ロンドン | 100m平泳ぎ | 5位 | 59秒79 | |
| | | 200m平泳ぎ | 4位 | 2分08秒35 | |
| | | 4×100mメドレーリレー | 銀 | 3分31秒26 | |
| 世 | 2013年 バルセロナ | 100m平泳ぎ | 6位 | 59秒98 | |

オリンピック　世 世界選手権

2012年ロンドン大会の４×100ｍメドレーリレーの銀メダルで、北島は日本競泳史上初の３大会連続メダル獲得《かくとく》という記録を達成しました。チームメイトのバタフライの松田《まつだ》丈志《たけし》は、「康介さんを手ぶらで帰らせるわけにはいかない」とコメントしました。

### アテネ大会 男子100m平泳ぎ決勝

| 順位 | 選手（国） | 記録 |
|---|---|---|
| 金 | 北島康介（日本） | 1分00秒08 |
| 銀 | ブレンダン・ハンセン（アメリカ） | 1分00秒25 |
| 銅 | ユーグ・デュボス（フランス） | 1分00秒88 |

### アテネ大会 男子200m平泳ぎ決勝

| 順位 | 選手（国） | 記録 |
|---|---|---|
| 金 | 北島康介（日本） | 2分09秒44 五輪新 |
| 銀 | ダニエル・ジュルタ（ハンガリー） | 2分10秒80 |
| 銅 | ブレンダン・ハンセン（アメリカ） | 2分10秒87 |

## 「チョー気持ちいい！」

話は8年前にさかのぼります。北島のオリンピック初出場は2000年、17歳《さい》のときでした。シドニー大会への出場をかけた日本選手権《にほんせんしゅけん》の100m平泳ぎで、当時の日本記録をぬりかえて優勝《ゆうしょう》し、オリンピックへの出場権をつかんだのです。

しかし、シドニーで北島はメダルをのがしてしまいます。銅《どう》メダルの選手との差は0秒43。試合後のプールには、電光掲示板《けいじばん》をくやしそうに見つめる北島の姿《すがた》がありました。

シドニーの経験《けいけん》は、北島の闘志《とうし》に火をつけます。「世界新記録を出す」「金メダルをとる」というふたつの目標をかかげ、4年後のアテネ大会にむかうと決めたのです。

そしてむかえたアテネの100m平泳ぎ決勝。

レース前半はライバルのブレンダン・ハンセン（アメリカ）にリードされる展開《てんかい》でしたが、60mあたりでスパートした北島はみごとに逆転《ぎゃくてん》勝利を収《おさ》め、金メダルを獲得《かくとく》しました。勢《いきお》いをつかんだ北島は、つづく200mでも1位となり、ふたつめの金メダルを獲得します。個人《こじん》種目で1大会にふたつの金メダルを獲得するのは、日本の競泳史上はじめてのことでした。

「チョー気持ちいい！」

試合後テレビカメラの前で、北島は喜びを爆発《ばくはつ》させました。

ところが、翌《よく》2005年、金メダリストとしていどんだ日本選手権《にほんせんしゅけん》で北島は思わぬ苦戦を強《し》いられます。50mと100mでは1位となりましたが、200mで3位となり、この種目での世界選手権への出場権《しゅつじょうけん》を得ることができなかったのです。体調のせいもありましたが、北島をなにより悩《なや》ませたのは、オリンピックの後、はっきりとした目標を見つけられずにいたことでした。

「自分で自分にがっかりした」

北島はそう言葉を残して日本選手権《にほんせんしゅけん》の会場を後にしました。

2006年も不調がつづきます。合宿中に以前から悩《なや》まされていたひざのけがが再発《さいはつ》。日本選手権では、100mは1位でしたが、50mは2位、200mでは4位となり表彰台《ひょうしょうだい》に上がることさえできなかったのです。扁桃炎《へんとうえん》をわずらったのもこのころのことで、人生ではじめての入院生活を経験《けいけん》しました。

北島が記録をのばせないでいる一方で、アテネで金メダルを争ったハンセンは絶《ぜっ》好調《こうちょう》です。泳ぐたびに世界新記録を更新《こうしん》し、8月にビクトリア（カナダ）で行われたパンパシフィック大会では、北島の目の前で世界新記録を出しました。200mでの北島とハンセンの差は2秒37。すっかり優勝《ゆうしょう》から遠ざかってしまった北島に、つぎの北京大会で活躍《かつやく》できるのだろうか？　という声もあがりました。

## 「なんも言えねえ」

パンパシフィック大会で、ハンセンのスピードを肌《はだ》で感じた北島は、基本《きほん》を一か

北京大会の100m決勝で、金メダルを獲得《かくとく》した北島（右）。ライバルのハンセン（左）は4位に終わりましたが、北島の金メダル獲得をたたえました。

ら見直そうと徹底的《てっていてき》に泳ぎこみ、ウェイトトレーニングにはげみます。当時は、「体がかたくなる」などと言われることもあり、いまほどウェイトトレーニングに取り組む日本人選手は多くありませんでした。しかし北島は、もっと大きくて強い筋肉を身につけ、爆発的《ばくはつてき》なパワーで泳げるようになるため、肉体改造《かいぞう》に取り組んだのです。北島は、アテネ大会前よりも、さらにきびしく自分を追いこみました。

そして、北京大会が1年後にせまった2007年。北島に、力強い泳ぎがもどってきました。3月の世界選手《せかいせんしゅ》権《けん》では、200m平泳ぎで優勝《ゆうしょう》。翌年《よくねん》の6月、北京大会を2か月後にひかえたジャパンオープンでは100mで日本新記録、200mで世界新記録を更新《こうしん》しました。

「もう一度、世界新記録を出す！　オリンピックで金メ

### 北京大会 男子100m平泳ぎ決勝

| 順位 | 選手（国） | 記録 |
|---|---|---|
| 金 | 北島康介（日本） | 58秒91 世界新 |
| 銀 | アレクサンドル・ダーレオーエン（ノルウェー） | 59秒20 |
| 銅 | ユーグ・デュボス（フランス） | 59秒37 |

### 北京大会 男子200m平泳ぎ決勝

| 順位 | 選手（国） | 記録 |
|---|---|---|
| 金 | 北島康介（日本） | 2分07秒64 五輪新 |
| 銀 | ブレントン・リカード（オーストラリア） | 2分08秒88 |
| 銅 | ユーグ・デュボス（フランス） | 2分08秒94 |

ダルをとる！」

北島の熱い思いがスピードとなり、記録にあらわれているかのようでした。

そして、北京大会の北島は、アテネにつづいて100m、200m平泳ぎでふたつの金メダルを獲得《かくとく》したのです。2大会連続で2種目の金メダルをとった日本の競泳選手は、もちろん北島だけです。

ここで、38ページの、レース後のインタビューにもどります。北島が発した言葉、それは……。

「なんも言えねえ」

アテネから4年。くやしい思いを味わいながらも、結果を勝ちとった北島がようやく発したひと言でした。

## 日本男子競泳、栄光と苦難《くなん》のヒストリー

北島のオリンピック2種目2連覇《れんぱ》からさかのぼること76年。200m平泳ぎでオリンピック2連覇をなしとげた選手がいました。当時28歳《さい》の鶴田義行《つるたよしゆき》です。

鶴田が本格的に水泳を始めたのは21歳になってからでした。なんとその4年後、1928年のアムステルダム大会で、日本競泳界初の金メダルを獲得《かくとく》したのですから驚《おどろ》きです。つづく1932年のロサンゼルス大会でも、鶴田は平泳ぎ200mで優勝《ゆうしょう》。日本人ではじめて、オリンピック連覇をはたしました。

1930年代は、日本が競泳で圧倒的《あっとうてき》な強さを誇《ほこ》った時代です。鶴田が活躍《かつやく》したロサンゼルス大会では、当時6種目しかなかった競泳競技《きょうえいきょうぎ》のうちなんと5種目で、日本人が金メダルを獲得しました。とくに、背泳《せおよ》ぎ100mは日本の選手がメダルを独占《どくせん》す

日本初の競泳金メダリスト、鶴田。

る快挙《かいきょ》をなしとげました。

　１９４０年代は、第《だい》二次《じ》世界大戦《せかいたいせん》の影《えい》響《きょう》で１９４０年、１９４４年の大会が中止になり、１９４８年のロンドン大会には、敗戦国の日本は参加が認《みと》められませんでした。

　当時、泳ぐたびに世界記録を更新《こうしん》していたのが自由形のエース、古橋廣之進《ふるはしひろのしん》です。日本水泳連盟《にほんすいえいれんめい》は１９４８年の日本選手権《にほんせんしゅけん》を、オリンピックのロンドン大会と同じ日に行うことにしました。古橋は４００ｍと１５００ｍの自由形で、ロンドン大会で金メダルをとった選手のタイムより速い世界一の記録で優勝《ゆうしょう》し、日本中

### 競泳男子 日本の金メダリストたち

| 大会 | 選手 | 種目 |
|---|---|---|
| 1928年 アムステルダム | 鶴田義行 | 200m平泳ぎ |
| 1932年 ロサンゼルス | 宮崎康二 | 100m自由形 |
| | 北村久寿雄 | 1500m自由形 |
| | 清川正二 | 100m背泳ぎ |
| | 宮崎康二、遊佐正憲、横山隆志、豊田久吉 | 4×200m自由形リレー |
| 1936年 ベルリン | 寺田登 | 1500m自由形 |
| | 葉室鉄夫 | 200m平泳ぎ |
| | 遊佐正憲、杉浦重雄、田口正治、新井茂雄 | 4×200m自由形リレー |
| 1956年 メルボルン | 古川勝 | 200m平泳ぎ |
| 1972年 ミュンヘン | 田口信教 | 100m平泳ぎ |
| 1988年 ソウル | 鈴木大地 | 100m背泳ぎ |
| 2004年 アテネ | 北島康介 | 100m平泳ぎ |
| | | 200m平泳ぎ |
| 2008年 北京 | | 100m平泳ぎ |
| | | 200m平泳ぎ |

競泳にシンクロナイズドスイミングと飛びこみをあわせた「水泳」は、ロンドン大会までで、男女あわせて金メダル20個《こ》。メダル獲得総数《かくとくそうすう》は85個で体操《たいそう》につぐ２位です。

古橋は、1949年にロサンゼルスの全米選手権に参加し、自由形の400m、800m、1500m、800mリレーで世界新記録を樹立《じゅりつ》しました。

ソウル大会の100m背泳ぎで金メダルを獲得した鈴木。

を熱狂《ねっきょう》のうずにまきこんだのです。翌年《よくねん》出場した全米《ぜんべい》選手権《せんしゅけん》でも、古橋は立てつづけに世界新記録をうちたて、「フジヤマのトビウオ」と称《しょう》されました。

1960年代から、日本の競泳は男女ともに低迷期《ていめいき》に入ります。平泳ぎの田口信教《たぐちのぶたか》、背泳《せおよ》ぎの鈴木大地《すずきだいち》など、ときに金メダリストが誕生《たんじょう》しましたが、メダルの総数《そうすう》を数えてみると、1960年のローマ大会から2000年のシドニー大会までの10大会で、わずか15個《こ》(金4、銀5、銅《どう》6)しか獲得《かくとく》できませんでした。

ところが、2004年のアテネ大会、2008年の北京大会、2012年のロンドン大会の3大会で、すでに24個(金5、銀4、銅15)のメダルを獲得しています。「水泳ニッポン」復活《ふっかつ》のきざしとなったのが、まさに北島の活躍《かつやく》だったと言えるでしょう。

岩崎は、バルセロナ大会でみごとな追いあげで人々を驚《おどろ》かせました。

# 14歳《さい》の金メダリスト誕生《たんじょう》！

## ●日本史上最年少金メダリスト、岩崎恭子《いわさききょうこ》の力泳

「これまで生きてきた中でいちばん幸せです」

バルセロナ大会の女子200m平泳ぎで優勝《ゆうしょう》した岩崎恭《いわさききょう》子《こ》は、目に涙《なみだ》をいっぱいためてこう話しました。信じられないことに、当時岩崎は中学2年生。14歳になったばかりの少女が言ったこの言葉は、あっという間に日本中に広まりました。日本のオリンピック史上最年少の金メダリストが誕生したのです。

大会前、岩崎はあまり期待されていませんでした。世界ランキングは14位。本人も「決勝に残ればいいほうだと思います」と話していたくらいです。でも、オリンピック直

前の1年間は試合で泳ぐたびに記録《きろく》を更新《こうしん》し、自己《じこ》記録を10秒以上縮《ちぢ》めてオリンピック代表に選ばれました。のびざかりの勢《いきお》いは、おそろしいものです。

## 驚異《きょうい》の追いあげ

バルセロナ大会の予選では、世界記録を持つアメリカのアニタ・ノール（16歳《さい》）のとなりのレーンになり、トップ争いを演《えん》じます。ノールとは100分の1秒差の2位。自己ベストを3秒も縮め、日本記録をぬりかえました。

「となりの人にどんどん追いついちゃうから、自分でもすごくびっくりしました」

レース後、まるで人ごとのように語る岩崎を見て「となりの人」の顔は青ざめていました。自信満々

**バルセロナ大会 女子200m平泳ぎ決勝**

| 順位 | 選手（国） | 記録 | |
|---|---|---|---|
| 金 | 岩崎恭子（日本） | 2分26秒65 | 五輪新 |
| 銀 | 林莉（中国） | 2分26秒85 | |
| 銅 | アニタ・ノール（アメリカ） | 2分26秒88 | |
| 4位 | エレナ・ルドコフスカヤ（EUN） | 2分28秒47 | |
| 5位 | ガイレーヌ・クルティエ（カナダ） | 2分29秒88 | |
| 6位 | ナタリー・ジゲル（カナダ） | 2分30秒11 | |
| 7位 | マヌエラ・ダラバレ（イタリア） | 2分31秒21 | |
| 8位 | アリツィア・ペチャック（ポーランド） | 2分31秒76 | |

でバルセロナに乗りこんできたのに、名前も知らない年下の選手に、あわやというところまで追いあげられたのですから。「決勝では最初から飛ばして、差をつけないと危《あぶ》ない」と、ノールは警戒心《けいかいしん》を強くしました。

ノールの考えは正しかったと言えます。後半で追いあげるのが、岩崎のレースパターンです。157㎝、45kgの小さな体ですが、先行する選手に食らいついていき最後の50mで勝負します。上下運動が少なく、水の抵抗《ていこう》を受けにくい天性《てんせい》の泳ぎに、きびしい練習でみがきをかけた技術《ぎじゅつ》と心肺機能《しんぱいきのう》。ほかの選手がスタミナをなくす後半でも、バテずにすいすい泳ぐことができたのです。

その日の夕方、岩崎は決勝の舞台《ぶたい》にむかいました。手元がおぼつかず、スイミングキャップがうまくかぶれないほどのプレッシャーが、14歳《さい》の少女をおそいます。

「世界で一番を決めるレース。こわくてたまりませんでした」

そして、運命の200m平泳ぎ決勝のスタートです。

岩崎は最初の50mを5位でターン。ノールが力強い泳ぎで先頭に立ちますが、岩崎も離《はな》されません。100mでは3位に。実況《じっきょう》のアナウンサーがさけびます。

表彰式《ひょうしょうしき》後の記者会見で、金メダルがとれた理由をたずねられると、「練習をがんばったし、決勝ではこれまでの何倍もがんばったからだと思います」とこたえました。

「さあ、追いあげ開始！」

それにこたえるように岩崎はぐんぐん追いあげ、150mのターンでは2位。ノールは、前半で飛ばしすぎてスタミナをなくしたのか、その差が縮《ちぢ》まっていきます。そして、ラスト10mでついにノールを抜《ぬ》きさりました。追いあげた中国《ちゅうごく》の林莉《リンリ》が0秒2差で2位に入り、ノールは3位になりました。

岩崎のタイムは2分26秒65。世界歴代2位、オリンピック新記録での金メダルでした。

ゴールした直後、岩崎はとまどった表情《ひょうじょう》で何度も電光掲示《けいじ》板《ばん》を見あげました。一気に世界の頂点《ちょうてん》へとかけのぼった14歳《さい》の少女は、プールから上がってからも周囲の人に「信じられない」を連発。そしてテレビのインタビューで、例の名言が飛びだしたのです。

「これまで生きてきた中でいちばん幸せです」

## 「前畑《まえはた》がんばれ!」

岩崎の金メダルを、自分のことのように喜んだ人がいました。当時78歳《さい》の兵藤《ひょうどう》(旧姓《きゅうせい》前畑)秀子《ひでこ》です。前畑は、1936年のベルリン大会で岩崎と同じ200m平泳ぎに出場し、オリンピック新記録で優勝《ゆうしょう》しました。女子の競泳では前畑が日本人初の金メダリストとなりました。

決勝では、地元ドイツのマルタ・ゲネンゲルと終始デッドヒートをくり広げました。日本にむけたラジオ中継《ちゅうけい》で、NHKのアナウンサーがレースの実況《じっきょう》そっちのけで「前畑がんばれ!」を20回以上もくりかえしたのは有名な話です。前畑は試合後、「なんとも言えないほど満足です」と語りました。

ふたりめの金メダリストは、1972年ミュンヘン大会の100mバタフライで1分3秒34の世界新記録を出して優勝《ゆうしょう》した青木《あおき》まゆみです。

2004年のアテネ大会では、800m自由形で柴田亜衣《しばたあい》が優勝、4人めの金メダリストとなります。柴田は監督《かんとく》からいつも言われていた言葉、「あわてず、あせらず、あきらめず」の教えを守り勝利を収《おさ》めたのでした。

## 競泳女子 日本のメダリストたち

| 大会 | 選手 | 種目 | 順位 |
|---|---|---|---|
| 1932年 ロサンゼルス | 前畑秀子 | 200m平泳ぎ | 銀 |
| 1936年 ベルリン | 前畑秀子 | 200m平泳ぎ | 金 |
| 1960年 ローマ | 田中聰子 | 100m背泳ぎ | 銅 |
| 1972年 ミュンヘン | 青木まゆみ | 100mバタフライ | 金 |
| 1992年 バルセロナ | 岩崎恭子 | 200m平泳ぎ | 金 |
| 2000年 シドニー | 中村真衣 | 100m背泳ぎ | 銀 |
| | 田島寧子 | 400m個人メドレー | 銀 |
| | 中尾美樹 | 200m背泳ぎ | 銅 |
| | 中村真衣、田中雅美、大西順子、源純夏 | 4×100m メドレーリレー | 銅 |
| 2004年 アテネ | 柴田亜衣 | 800m自由形 | 金 |
| | 中西悠子 | 200mバタフライ | 銅 |
| | 中村礼子 | 200m背泳ぎ | 銅 |
| 2008年 北京 | 中村礼子 | 200m背泳ぎ | 銀 |
| 2012年 ロンドン | 鈴木聡美 | 200m平泳ぎ | 銀 |
| | 寺川綾 | 100m背泳ぎ | 銅 |
| | 鈴木聡美 | 100m平泳ぎ | 銅 |
| | 星奈津美 | 200mバタフライ | 銅 |
| | 寺川綾、鈴木聡美、加藤ゆか、上田春佳 | 4×100m メドレーリレー | 銅 |

ベルリン大会200m平泳ぎの前畑。3分3秒6のタイムで金メダルに輝《かがや》きました。岩崎の優勝《ゆうしょう》タイム2分26秒65、レベッカ・ソニのロンドン大会の優勝タイム2分19秒59とくらべると、記録ののびがよくわかります。

# 体《たい》操《そう》王国ニッポンの逆襲《ぎゃくしゅう》

## ●伝統《でんとう》を受けつぐ超人《ちょうじん》、内村航平《うちむらこうへい》

得意なゆかの演技《えんぎ》にいどむ内村。

### 内村航平のオリンピックと世界選手権《せかいせんしゅけん》

| | 大会 | 団体 | 個人総合 |
|---|---|---|---|
| (五輪) | 2008年 北京 | 2位 | 2位 |
| 世 | 2009年 ロンドン | ー | 1位 |
| 世 | 2010年 ロッテルダム | 2位 | 1位 |
| 世 | 2011年 東京 | 2位 | 1位 |
| (五輪) | 2012年 ロンドン | 2位 | 1位 |
| 世 | 2013年 アントワープ | ー | 1位 |
| 世 | 2014年 南寧 | 2位 | 1位 |
| 世 | 2015年グラスゴー | 1位 | 1位 |

2011年、内村は史上初の世界選手権個人総合3連覇《れんぱ》を達成すると、2015年には6連覇まで記録をのばしました。(ロンドンとアントワープの世界選手権では、団体競技《だんたいきょうぎ》が行われていません)

2012年8月1日、ロンドンのノース・グリニッジ・アリーナでは、体操《たいそう》男子個人総合《こじんそうごう》の最終種目「ゆか」が行われようとしていました。

2008年の北京《ペキン》大会で男子個人総合銀メダルを獲得《かくとく》、さらに2009年から前人未到《ぜんみとう》の世界選手権《せかいせんしゅけん》3連覇《れんぱ》を達成し、内村航平はその圧倒的《あっとうてき》な強さから、いつしか「超人《ちょうじん》」とよばれるようになっていました。

しかし、金メダルへのプレッシャーが、内村に経験《けいけん》したことのない苦しみを与《あた》えます。

「気持ちだけは強く持とう」

そう自分に言いきかせ、決勝の舞台《ぶたい》にむかいました。

個人総合では、ゆか、あん馬、つり輪、跳馬《ちょうば》、平行棒《へいこうぼう》、鉄棒の6種目の得点の合計を競《きそ》います。5種目が終わった時点で、2位のマゼル・グエン（ドイツ）に大差をつけていたので、ゆかを無難《ぶなん》にまとめれば、金メダルは確実《かくじつ》です。

スタンドでは、内村の母親を中心に、故郷長崎《こきょうながさき》からやってきた応援団《おうえんだん》が大きな声援をおくっていました。

内村は長崎で体操《たいそう》教室を営《いとな》む家庭に育ちました。自宅《じたく》の練習場には、幅《はば》2m長さ12mの大きなトランポリンが横たわります。内村が11歳《さい》のとき、体操選手に必要な空中感覚を身につけさせたいと、両親が購入《こうにゅう》したものです。内村はこのトランポリンで何千回、何万回と飛《と》び跳《は》ねながら、最大の武器《ぶき》である「ひねり」を身につけました。

内村にとって、ひねり技《わざ》がいきる「ゆか」は、原点とも言える種目です。金メダルがかかっていても、落ち着いて演技《えんぎ》ができます。

内村は、まるで重力がないかのように、美しい跳躍《ちょうやく》やひねり技をつぎつぎと決めていきます。最後の「後方宙返《こうほうちゅうがえ》り3回ひねり」はやや着地が後ろにずれたものの、演技が終わった瞬間《しゅんかん》、会場中が内村の金メダルを確信《かくしん》しました。

**体操個人総合《こじんそうごう》 日本のメダリストたち**

| 大会 | 選手 | 順位 |
|---|---|---|
| 1956年 メルボルン | 小野喬 | 銀 |
| 1960年 ローマ | 小野喬 | 銀 |
| 1964年 東京 | 遠藤幸雄 | 金 |
| | 鶴見修治 | 銀 |
| 1968年 メキシコシティー | 加藤沢男 | 金 |
| | 中山彰規 | 銅 |
| 1972年 ミュンヘン | 加藤沢男 | 金 |
| | 監物永三 | 銀 |
| | 中山彰規 | 銅 |
| 1976年 モントリオール | 加藤沢男 | 銀 |
| | 塚原光男 | 銅 |
| 1984年 ロサンゼルス | 具志堅幸司 | 金 |
| 2008年 北京 | 内村航平 | 銀 |
| 2012年 ロンドン | 内村航平 | 金 |

3大会連続でメダルをとった選手は、加藤《かとう》。
2大会連続は小野《おの》、中山《なかやま》、内村。

場内は、新しい王者誕生《たんじょう》を待ち望む熱気につつまれています。

いよいよ、点数の発表です。内村の点数は15・100。6種目の総合点《そうごうてん》は92・690点となり、金メダルを獲得《かくとく》しました。2位に1・65点の大差をつけての圧勝《あっしょう》です。内村を祝福する大歓声《だいかんせい》が、場内にこだましました。

男子個人総合《こじんそうごう》の金メダルは、日本にとって、1984年のロサンゼルス大会以来28年ぶりのものでした。

表彰台《ひょうしょうだい》で金メダルをかかげました。

## 「団体《だんたい》の金メダルがとりたい」

「世界選手権《せかいせんしゅけん》で3連覇《れんぱ》しているんですが、やっぱりちがう。夢《ゆめ》のようというか……日の丸が揚《あ》がっていくのを見ながら、ほんとうなのかな？　って思ってました」

内村はそう語りました。

しかし、内村はロンドン大会の成績《せいせき》に完全に満足したわけではありません。

それは団体《だんたい》が銀メダルに終わってしまったからです。あん馬の着地でミスをするなど、内村自身の演技《えんぎ》も満足できるものではありませんでした。

大会前、「世界中のだれよりも団体の金メダルをとりたい」と語っていたほど、内村の団体に対するこだわりは強いものでした。なぜなら、団体の栄光が体操《たいそう》王国ニッポンの歴史そのものだからです。

小柄《こがら》でむずかしい技《わざ》も器用にこなす日本人は、戦前から体操競技《きょうぎ》を得意としていました。しかし、戦争で大会が2回中止になり、戦後は参加が認《みと》められず、日本が復帰《ふっき》できたのは1952年のヘルシンキ大会でした。それから徐々《じょじょ》に力をつけ、1956年メルボルン大会では、団体で銀メダルを獲得《かくとく》することができました。

1960年のローマ大会では、「鬼《おに》に金棒《かなぼう》、小野《おの》に鉄棒《てつぼう》」と言われた小野《おの》喬《たかし》を中心に、団体の金メダルをはじめて獲得します。

1964年の東京《とうきょう》大会にむけて、猛練習《もうれんしゅう》が始まりました。鉄棒の「キリモミ下り」やあん馬の「プロペラ旋回《せんかい》」など、「ウルトラC」とよばれる難易度《なんいど》の高い技がひそかに開発され、その結果、団体2連覇《れんぱ》を達成するのです。このころから「体操王国ニッポン」とよばれるようになりました。

その後は１９７６年のモントリオール大会まで、日本は団体《だんたい》５連覇《れんぱ》を達成し、20年にもわたって世界の頂点《ちょうてん》に君臨《くんりん》しつづけます。ミュンヘン大会では、個人総合《こじんそうごう》でメダルを独占《どくせん》するほどの強さでした。

ところが１９７９年12月にソ連軍がアフガニスタンに侵攻《しんこう》すると、アメリカはそれに強く抗議《こうぎ》して１９８０年のモスクワ大会をボイコットしてしまいます。同盟国《どうめいこく》である日本は、アメリカと行動をともにしたため、日本の団体６連覇の夢《ゆめ》は、はかなく消えてしまいました。

小野は、1952年のヘルシンキ大会から４大会連続で出場し、金５銀４銅《どう》４のメダルを獲得《かくとく》しました。

### 体操《たいそう》男子団体の歴史

| 大会 | 順位 |
|---|---|
| 1932年 ロサンゼルス | ５位 |
| 1936年 ベルリン | ９位 |
| 1948年 ロンドン | 不参加 |
| 1952年 ヘルシンキ | ５位 |
| 1956年 メルボルン | 銀 |
| 1960年 ローマ | 金 |
| 1964年 東京 | 金 |
| 1968年 メキシコシティー | 金 |
| 1972年 ミュンヘン | 金 |
| 1976年 モントリオール | 金 |
| 1980年 モスクワ | 不参加 |
| 1984年 ロサンゼルス | 銅 |
| 1988年 ソウル | 銅 |
| 1992年 バルセロナ | 銅 |
| 1996年 アトランタ | 10位 |
| 2000年 シドニー | ４位 |
| 2004年 アテネ | 金 |
| 2008年 北京 | 銀 |
| 2012年 ロンドン | 銀 |

それからアテネ大会までの20年、日本は団体《だんたい》の金メダルから遠ざかります。とくに、アトランタやシドニーでは、表彰台《ひょうしょうだい》にも上がれませんでした。

しかし、日本はふたたび力をつけ、2004年のアテネ大会で、団体の王座《おうざ》をうばいかえしたのです。そのときのようすをふりかえってみましょう。

5種目が終了《しゅうりょう》して、0・125点差の中に、ルーマニア、日本、アメリカがひしめきあう展開《てんかい》でした。しかし、最終種目でルーマニアとアメリカの選手がミスをおかしてしまいます。日本の最終種目は鉄棒《てつぼう》。冨田洋之《とみたひろゆき》がミスなく演技《えんぎ》を終えれば金メダルです。テレビ中継《ちゅうけい》のアナウンサーはさけびました。

「伸身《しんしん》の新月面がえがく放物線は、栄光への架《か》け橋《はし》だ！」

着地が決まりました。得点は9・850。28年ぶりの団体金メダルです。「体操《たいそう》ニッポン」が復活《ふっかつ》したのです。

この劇的《げきてき》な戦いをテレビで見ていたのが、当時高校1年生の内村航平でした。内村が、本気でオリンピックをめざそうと決意した瞬間《しゅんかん》です。内村が団体の金メダルにこだわ

アテネ団体メンバー。左から米《よね》田《だ》功《いさお》、水鳥寿思《みずとりひさし》、鹿島丈博《かしまたけひろ》、冨田洋之、塚原直也《つかはらなおや》、中野大輔《なかのだいすけ》。

るのは、このときの記憶《きおく》が強く残っているからなのです。

ロンドン大会の後も、内村の快進撃《かいしんげき》はつづいています。２０１５年の世界選手権《せかいせんしゅけん》では、個人総合《こじんそうごう》6連覇《れんぱ》の大記録をうちたてました。もちろん、史上初の快挙《かいきょ》です。

この世界選手権では、内村にとってうれしいことがもうひとつありました。団体《だんたい》で、日本が37年ぶりの金メダルに輝《かがや》いたのです。このとき、内村とともに大活躍《だいかつやく》したのが19歳《さい》の白井健三《しらいけんぞう》でした。白井は、みずから開発し、自分の名前がつけられた「シライ／グエン」（後方伸身宙返《こうほうしんしんちゅうがえ》り4回ひねり）という難易度《なんいど》F《エフ》の技《わざ》を武器《ぶき》に、種目別のゆかでも優勝《ゆうしょう》しました。

「体操《たいそう》ニッポン」の伝統《でんとう》は、脈々と受けつがれているのです。

**体操男子種目別**
**日本の金メダリストたち**

| 大会 | 選手 | 種目 |
|---|---|---|
| 1956年 メルボルン | 小野喬 | 鉄棒 |
| 1960年 ローマ | 相原信行 | ゆか |
| | 小野喬 | 跳馬 |
| | | 鉄棒 |
| 1964年 東京 | 早田卓次 | つり輪 |
| | 山下治廣 | 跳馬 |
| | 遠藤幸雄 | 平行棒 |
| 1968年 メキシコシティー | 加藤沢男 | ゆか |
| | 中山彰規 | つり輪 |
| | | 平行棒 |
| | | 鉄棒 |
| 1972年 ミュンヘン | 中山彰規 | つり輪 |
| | 加藤沢男 | 平行棒 |
| | 塚原光男 | 鉄棒 |
| 1976年 モントリオール | 加藤沢男 | 平行棒 |
| | 塚原光男 | 鉄棒 |
| 1984年 ロサンゼルス | 具志堅幸司 | つり輪 |
| | 森末慎二 | 鉄棒 |

ロンドン大会までに柔道《じゅうどう》につぐ29個《こ》の金メダルを獲得《かくとく》しています。銀・銅《どう》合わせたメダル獲得総数《そうすう》は95個で１位です。

白井は、ゆかで「シライ２」「シライ３」、跳馬で「シライ／キムヒフン」という技も持っています。

# メダルコレクター列伝

## ●びっくり！ ルイスの10個《こ》、フェルプスの22個、加藤《かとう》の12個

| 競技 | 性別 | 金 | 銀 | 銅 | 合計 |
|---|---|---|---|---|---|
| 水泳 | 男 | 18 | 2 | 2 | 22 |
| 体操 | 女 | 9 | 5 | 4 | 18 |
| 陸上 | 男 | 9 | 3 | 0 | 12 |
| 水泳 | 男 | 9 | 1 | 1 | 11 |
| 陸上 | 男 | 9 | 1 | 0 | 10 |
| バイアスロン | 男 | 8 | 4 | 1 | 13 |
| クロスカントリースキー | 男 | 8 | 4 | 0 | 12 |
| カヌー | 女 | 8 | 4 | 0 | 12 |
| 体操 | 男 | 8 | 3 | 1 | 12 |
| 水泳 | 女 | 8 | 3 | 1 | 12 |

競泳や陸上のように、オリンピックの競技《きょうぎ》の中には、ひとりの選手が複数《ふくすう》の種目に出場できるものがあります。高い能力《のうりょく》を持つ選手は、何回もオリンピックに出場し、いくつもの種目でたくさんのメダルを獲得《かくとく》するのです。

そんなスター選手の中で、まっ先に名前があがるのが、アメリカのカール・ルイスでしょう。

１９８４年、ルイスは、はじめて出場したロサンゼルス大会で、１００ｍ、２００ｍ、走り幅跳《はしりはばと》び、４×１００ｍリレーの４種目で金メダルを獲

| 順位 | 期間 | 選手（国） |
|---|---|---|
| 1位 | 2004-2012（夏） | マイケル・フェルプス（アメリカ） |
| 2位 | 1956-1964（夏） | ラリサ・ラチニナ（ソ連） |
| 3位 | 1920-1928（夏） | パーヴォ・ヌルミ（フィンランド） |
| 4位 | 1968-1972（夏） | マーク・スピッツ（アメリカ） |
| 5位 | 1984-1996（夏） | カール・ルイス（アメリカ） |
| 6位 | 1998-2014（冬） | オーレ・アイナル・ビョルンダーレン（ノルウェー） |
| 7位 | 1992-1998（冬） | ビョルン・ダーリ（ノルウェー） |
| 7位 | 1980-2004（夏） | ビルギット・フィッシャー（ドイツ） |
| 9位 | 1968-1976（夏） | 加藤沢男（日本） |
| 9位 | 1992-2004（夏） | ジェニー・トンプソン（アメリカ） |

メダル数は、夏季は2012年ロンドン大会まで、冬季は2014年ソチ大会までを集計しました。

ルイスは走《はし》り幅《はば》跳《と》びで4連覇《れんぱ》をなしとげています。オリンピックの4連覇は、ほかには円盤《えんばん》投《な》げのアル・オーター（1956年のメルボルン大会から1968年のメキシコシティー大会まで）だけです。

得し、世界中を驚《おどろ》かせました。これは1936年にアメリカのジェシー・オーエンスがなしとげて以来の快挙《かいきょ》でした。

1988年、ルイス2度めのオリンピックの舞《ぶ》台《たい》はソウルです。100mの決勝でルイスは、9秒92で2着に敗れてしまいました。1着はカナダのベン・ジョンソンで、9秒79の世界新記録でした。人類史上はじめて9秒7台の記録が出たのです。

ところが、レース後のドーピング検査《けんさ》で、ジョンソンに陽性《ようせい》反応《はんのう》が出て、金メダルはルイスのものとなりました（155ページ）。ルイスは走《はし》り幅跳《はばと》びでも優勝《ゆうしょう》し、通算6つめの金を手にします。200mは2位。ルイスがオリンピックで獲得《かくとく》したただひとつの銀メダルとなりました。

その後、1992年のバルセロナ大会、35歳《さい》でむかえた1996年のアトランタ大会でも、走り幅跳びの金メダルを獲得し、オリンピック4連覇《れんぱ》を達成。バルセロナ大会の4×100mリレーとあわせて、金メダルの獲得数は9個《こ》となりました。

メダル獲得数で、カール・ルイスを圧倒的《あっとうてき》に上回る選手がいます。「水の怪物《かいぶつ》」とよばれた史上最強のスイマー、アメリカのマイケル・フェルプスです。

2004年のアテネ大会とつづく北京《ペキン》大会で8種目に出場。


マイケル・フェルプスは、200m自由形、100m・200mバタフライ、200m・400m個人メドレー、4×100m・4×200mリレー、4×100mリレーメドレーの計8種目で歴代最多の22個のメダル（金18、銀2、銅《どう》2）を獲得しています。

加藤のメキシコシティー大会でのつり輪の演技《えんぎ》。演技に難《なん》易度《いど》の高さを求める選手が多い中、加藤は美しい体操《たいそう》にもこだわりました。

アテネでは金メダル6個《こ》と銅《どう》メダル2個、北京では8種目すべてで金メダルという、とてつもない成績《せいせき》を残しました。人なみ外れたスタミナの持ち主だからこそ、なしとげられた偉業《いぎょう》だと言えるでしょう。さらに4年後のロンドン大会でも金4、銀2という記録を残し、3大会で金メダル18個、銀メダル2個、銅メダル2個、合計22個という、空前のメダルコレクターとなりました。

フェルプスのすごさはメダルの数にとどまりません。2009年の世界選手権《せかいせんしゅけん》で記録した100mバタフライ49秒82、200mバタフライ1分51秒51の世界記録はいまだに破《やぶ》られていません。

最後に、日本を代表するメダルコレクターを紹介《しょうかい》しましょう。体《たい》操《そう》の加藤沢男《かとうさわお》です。1968年のメキシコシティー大会から、ミュンヘン、モントリオールと3大会に出場し、団体《だんたい》3回、個人総合《こじんそうごう》2回の優勝に種目別で獲得《かくとく》したメダルをあわせて、金メダル8個、銀メダル3個、銅メダル1個、合計12個のメダルを手にしました。

なるほどコラム

# オリンピックびっくり記録集 1

100年をこえる歴史から生まれた不滅《ふめつ》の大記録や、
歴史の陰《かげ》に隠《かく》れた不思議な記録を紹介《しょうかい》します。

## 史上最年少出場

| 年齢 | 選手（国） | 順位 | 種目 | 大会 |
|---|---|---|---|---|
| 10歳218日 | ディミトリオス・ロウンドラス（ギリシャ） | 銅 | 体操 平行棒団体 | 1896年 アテネ |

ロウンドラスは第1回アテネ大会に参加して、みごと銅《どう》メダルを獲《かく》得《とく》しました。これが史上最年少メダルの記録にもなっています。

## 史上最年少金メダリスト

| 年齢 | 選手（国） | 種目 | 大会 |
|---|---|---|---|
| 13歳268日 | マージョリー・ゲストリング（アメリカ） | 女子3m飛板飛込み | 1936年 ベルリン |

ゲストリングは当時中学生。写真は学校で勉強しているときのものです。ちなみにバルセロナ大会金メダリストの岩《いわ》崎恭子《さききょうこ》（48ページ）は14歳《さい》6日でした。

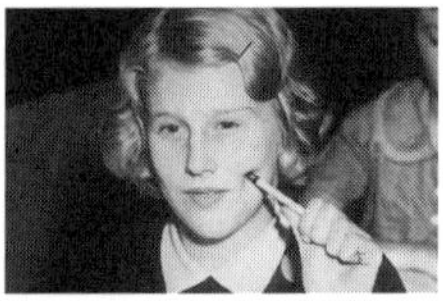

## 史上最年長出場

| 年齢 | 選手（国） | 順位 | 種目 | 大会 |
|---|---|---|---|---|
| 72歳280日 | オスカー・スバーン（スウェーデン） | 銀 | 鹿追《しかお》い ダブルショット団体 | 1920年 アントワープ |

日本の法華津寛《ほけつひろし》（馬術《ばじゅつ》）は71歳129日でロンドン大会の馬術競技《きょうぎ》に出場しました。これは史上第3位の記録です。

## 史上最年長金メダリスト

| 年齢 | 選手（国） | 種目 | 大会 |
|---|---|---|---|
| 64歳258日 | オスカー・スバーン（スウェーデン） | 鹿追い ダブルショット団体 | 1912年 ストックホルム |

スバーンは、1908年ロンドン大会、1912年ストックホルム大会、1920年アントワープ大会に出場しました。アントワープ大会で獲得した72歳280日での銀メダルは史上最高齢《さいこうれい》メダルでもあります。

# 第2章
# 夏季オリンピック　その2

オリンピックでもっとも注目される種目、
日本人にとってのそれは、マラソンかもしれません。
日本はこれまで9人のメダリストを輩出《はいしゅつ》してきましたが、
はじめて金メダルを獲得《かくとく》した女性《じょせい》は、
高橋尚子《たかはしなおこ》選手です。
舞台《ぶたい》はオーストラリアのシドニー、
とてもよく晴れた9月の日曜日のことでした。

# 陸上競技《りくじょうきょうぎ》女子初の金メダル、マラソン女子高橋尚子《たかはしなおこ》インタビュー

## ●「金メダルはたくさんの『世界一』が結集した結果です」

１９８４年のロサンゼルス大会から正式種目になった女子マラソンですが、２０００年のシドニー大会で日本中の期待を背負《せお》ったのが、「Ｑ《キュー》ちゃん」のニックネームで親しまれていた高橋尚子《たかはしなおこ》でした。

高橋が、陸上競技を始めたのは中学生のころです。中距離《ちゅうきょり》種目の８００ｍや駅伝の選手として活躍《かつやく》し、高校時代にはインターハイにも出場しましたが、目立った成績《せいせき》を残すことができずにいました。

「このころ、わたしの心の支《ささ》えになっていた言葉があります。『何も咲《さ》かない寒い日は、下へ下へと根を伸《の》ばせ。やがて大きな花が咲《さ》く』。高校生のわたしに陸上競技《りくじょうきょうぎ》の楽しさを教えてくださった、中澤正仁《なかざわまさひと》先生からの言葉です」

結果を出せないときも、恩師《おんし》の言葉を胸《むね》に、高橋は走りつづけました。

## アクシデントをこえて

高橋がマラソンへの挑戦《ちょうせん》を始めたのは1997年です。1992年のバルセロナ大会で銀メダル、1996年のアトランタ大会で銅《どう》メダルを獲得《かくとく》した有森裕子《ありもりゆうこ》をはじめ、多くの陸上選手を育てあげた小出義雄《こいでよしお》監督《かんとく》が指導《しどう》するチームに所属《しょぞく》し、きびしい練習に取り組んだのです。

**高橋尚子のフルマラソン**

| 大会 | 順位 | 記録 | |
|---|---|---|---|
| 1997年 大阪国際女子マラソン | 7位 | 2時間31分32秒 | |
| 1998年 名古屋国際女子マラソン | 1位 | 2時間25分48秒 | 日本新 |
| 1998年 バンコク・アジア大会 | 1位 | 2時間21分47秒 | |
| 2000年 名古屋国際女子マラソン | 1位 | 2時間22分19秒 | |
| 2000年 シドニーオリンピック | 金 | 2時間23分14秒 | 五輪新 |
| 2001年 ベルリンマラソン | 1位 | 2時間19分46秒 | 世界新 |
| 2002年 ベルリンマラソン | 1位 | 2時間21分49秒 | |
| 2003年 東京国際女子マラソン | 2位 | 2時間27分21秒 | |
| 2005年 東京国際女子マラソン | 1位 | 2時間24分39秒 | |
| 2006年 東京国際女子マラソン | 3位 | 2時間31分22秒 | |
| 2008年 名古屋国際女子マラソン | 27位 | 2時間44分18秒 | |

高橋は急成長をとげました。1998年3月の名古屋国際女子《なごやこくさい》マラソンは日本最高記録、同じ年の12月のアジア大会はアジア最高記録で優勝《ゆうしょう》し、オリンピックシドニー大会代表の最有力候補《こうほ》になりました。

ところが、アクシデントが高橋をおそいます。代表選考のためいくつかのレースが組まれていましたが、それらのレースが近づくたびに、靭帯損傷《じんたいそんしょう》、手首骨折《こっせつ》などのけがに見舞《みま》われ、出場できなかったのです。

最終選考会の名古屋国際女子マラソンのときも、直前に胃潰瘍《いかいよう》にかかって体調は万全ではありませんでした。それでも高橋は2時間22分19秒の大会記録で優勝し、ついにオリンピック代表の切符《きっぷ》を手にしました。

## ボトルリレーでギアチェンジ

2000年9月24日、高橋はシドニー大会のスタートラインに立っていました。なにを考え、どのように走ったのか？　そのビクトリーロードのすべてを聞いてみましょう。

「プレッシャーはありませんでした。『チーム高橋』のみんなとつみ重ねてきたトレーニングが、あと42・195kmで終わってしまうのか。むしろ、そんなさみしさを感じていました。思うような結果が出なくても、わたしはがんばったんだ、悔《く》いはないと言えるレースにしたい。そう思っていました」

午前9時、快晴《かいせい》、気温17度、スタートの号砲《ごうほう》が鳴ります。

「マラソンはほんとうにちょっとしたことが勝敗を左右するスポーツです。どこで力をためて、どこでしかけるのか。自分の中にある力をどう配分して上手に使いきるかが、ポイントとなります。選手は自分の体の状態《じょうたい》はもちろん、ほかの選手の息づかいや表情《ひょうじょう》、汗《あせ》のかき方なども見極めて、かけ引きをしな

18km付近をならんで走る、左から山口衛里《やまぐちえり》、高橋、市橋有里《いちはしあり》の日本人3選手。

がら42・195㎞を走ります。シドニー大会のレース前半、わたしは調子がよいと感じていました。最初のスパートをかけるならどのタイミングなのかと、きっかけをさがしていたのです」

日本から出場していた高橋、山口衛里《やまぐちえり》、市橋有里《いちはしあり》の3選手は、みなトップ集団《しゅうだん》を走っていました。ところが15㎞と20㎞の給水所で、高橋は水を取りそこねてしまいます。そんな高橋のようすを見た山口は、高橋にかけより水をさしだしました。
「みんながメダルを狙《ねら》っているオリンピックの舞台《ぶたい》で、わたしを気にかけてくれたんだと思うと、胸《むね》のうちにじわっとうれしさがあふれてきました。前方を見ると、市橋選手も水を取りそこねています。山口選手から受けとった水を市橋選手にわたして、このあたたかい気持ちを伝えたいと思いました。

市橋選手に水を届《とど》けようとして前に出たとき、ギアが一段《だん》上がったと感じたんです。同時に、前の日の夜、小出監督《かんとく》から言われた言葉を思いだしました。『おまえはよくがんばってきたな。ほんとうに強くなったよ。明日は好きなように走ってきたらいい。ただひとつだけ、力の出しおしみだけはするな』。スパートには大きなエネルギーを使いますが、このときはボトルリレーの喜びが力となり、自然とスピードを上げることができました」

## シモンとのデッドヒート

いつの間にか、先頭を走っているのは、高橋と市橋、ルーマニアのリディア・シモンの3人になっていました。しかし、25kmすぎのアンザック・ブリッジの急坂をこえるころには市橋が遅《おく》れはじめ、金メダル争いはシモンと高橋の一騎打《いっきう》ちになります。

「わたしたちが通ると、沿道《えんどう》に大きな声援《せいえん》が起こり、空気がぴんとはりつめます。まるで、シモン選手とわたしのふたりで、空間を切りさきながら走っているようで、勝負を忘《わす》れてずっとこのまま走れたらいいのになあ、なんて考えていました。

しかしもちろん、シモン選手に勝ちたい、勝たなくてはという強い気持ちもありました。マラソンの駆《か》け引《ひ》きは相手がどんなタイプかによって変わります。シドニーでは、シモン選手の調子の変化をうまく見極めて、スパートをかけるのがポイントだと思っていました。

スパートは、相手がペースをあわせてきて不発に終わると、体力的にも精神的《せいしんてき》にも大きなダメージを負ってしまいます。スパートは一度かけたらかならず成功させるのが鉄則《てっそく》です。ところが、わたしとシモン選手は横ならびで走っていたので、表情《ひょうじょう》を見ることができず、シモン選手もとても楽しそうに走っている感じがしていたのです」

## サングラスを投げたとき

レースは高橋とシモンの並走状態《へいそうじょうたい》のまま、30㎞地点をすぎていきます。

「気分を変えるために、このあたりでサングラスを取り、小出監督《かんとく》にわたす約束をしていました。でも、肝心《かんじん》の小出監督がなかなか見つからないんです。監督をさがしながら走っていると、34㎞地点で父の姿《すがた》を見つけました。よかった、お父さんにサングラスを拾ってもらおうと思って、シモン選手のじゃまにならないよう、少し前に出てサングラスを投げました。すると中継《ちゅうけい》のバイクに当たって、はねかえってきたんです。あっ、もどってきちゃったと振《ふ》りかえったたったとき、シモン選手がなかなかもとの横ならびにもどってこないなと感じました。調子がよければ、すぐ追いついてくるものですが、シモン選手は遅《おく》れたままです。瞬時《しゅんじ》の判断《はんだん》で、わたしはそのままスパートをかけました。ボトルリレーのときと同じく、自然に、力むこと

35km付近でサングラスをはずした高橋（左）とシモン。

なくスパートをかけることができたのです」

## 「ありがとう」の気持ち

「スパートをかけた直後は全速力で飛ばして、シモン選手を1秒でも引《ひ》き離《はな》すことに集中しました。しばらくして一、二度後ろを振《ふ》りむきましたが、だれも見えません。わたしは意を強くして競技場《きょうぎじょう》をめざしました。

スロープを抜《ぬ》けると、いよいよ競技場です。ゴールまであと500m。わたしは歓声《かんせい》の大《おお》きさに感激《かんげき》していました。ところが、最後の200mにさしかかったとき、競技場内のようすを映《うつ》しだす電光掲示板《けいじばん》が目に入りました。あんなに引き離したと思っていたシモン選手が、わたしのすぐ後ろに映っているではありませんか。競技場に入った瞬間《しゅんかん》に聞こえてきたのは、声援ではなく悲鳴だったのです。もう、わたしは無我夢中《むがむちゅう》で走りました。そしてなんとかゴールテープを切ることができました」

高橋の金メダルは、日本の女子マラソン初の金メダルであり、日本の陸上競技《りくじょうきょうぎ》で女子が獲得《かくとく》した初の金メダルでもありました。

「わたしには自分が金メダルをとった、という感覚がありません。シドニーの金メダルは世界一の監督《かんとく》である小出監督やトレーナー、おいしくて栄養満点の料理をつくってくれた料理担当《たんとう》、ファンのみなさん、そして選手であるわたしと、たくさんの『世界一』が結集した結果だと思っています。全員の力でたどり着いたのが、シドニーのスタートラインです。そして、わたしがオリンピックで一番になったことで、関わってくださったみなさんも世界一だということが証明《しょうめい》できたと思っています。

スポーツをするうえで大事なのは、多くの人が自分のために力を注いでくれていることを理解《りかい》し、感謝《かんしゃ》することではないでしょうか。『ありがとう』の気持ちを持っていると強くなれる。わたしはそう考えています」

## シドニー大会 マラソン女子の記録

| 順位 | 選手（国） | 記録 | |
|---|---|---|---|
| 金 | 高橋尚子（日本） | 2時間23分14秒 | 五輪新 |
| 銀 | リディア・シモン（ルーマニア） | 2時間23分22秒 | |
| 銅 | ジョイス・チェプチェンバ（ケニア） | 2時間24分45秒 | |
| 7位 | 山口衛里（日本） | 2時間27分03秒 | |
| 15位 | 市橋有里（日本） | 2時間30分34秒 | |

# 日本のマラソン世界への挑戦《ちょうせん》ヒストリー

孫はアジア人選手初となるマラソンの金メダルを獲得しました。

バルセロナ大会で日本の男子マラソン界に 24年ぶりのメダルをもたらした森下。

ここで、日本のマラソンの歴史をふりかえりましょう。

オリンピックのマラソンの表彰式《ひょうしょうしき》で日本の国旗がはじめて揚《あ》がったのは、1936年のベルリン大会です。日本が併合《へいごう》していた朝鮮《ちょうせん》出身の孫基禎《ソンギジョン》がオリンピック最高記録で金メダル、南昇竜《ナムスンニョン》が銅《どう》メダルを獲得《かくとく》しました。

戦後は東京《とうきょう》大会で、初マラソンからわずか7か月の円谷幸《つぶらやこう》吉《きち》が銅メダルを獲得し、国民を熱狂《ねっきょう》させました。メキシコシティー大会では君原健二《きみはらけんじ》、バルセロナ大会では森下広一《もりしたこういち》が銀

## マラソン男子 日本のメダリストたち

| 大会 | 選手 | 順位 | 記録 |
|---|---|---|---|
| 1936年 ベルリン | 孫基禎 | 金 | 2時間29分19秒 五輪新 |
| | 南昇竜 | 銅 | 2時間31分42秒 |
| 1964年 東京 | 円谷幸吉 | 銅 | 2時間16分22秒 |
| 1968年 メキシコシティ | 君原健二 | 銀 | 2時間23分31秒 |
| 1992年 バルセロナ | 森下広一 | 銀 | 2時間13分45秒 |

孫、南は朝鮮出身ですが、当時の朝鮮を日本が併合していたため、日本の選手として参加しました。

メダルを獲得《かくとく》しましたが、男子ではその後、メダリストが出ていません。

女子は、高橋と同じ小出監督《かんとく》に指導《しどう》された有森裕子がバルセロナとアトランタで2大会連続メダル獲得の快挙《かいきょ》を達成しました。アテネ大会では高橋につづき、野口《のぐち》みずきが金メダルを獲得し、マラソン強豪国《きょうごうこく》の仲間入りをはたしました。しかし女子も、北京《ペキン》大会、ロンドン大会と2大会連続でメダルをのがしています。

男女ともに、新たなメダリストの誕生《たんじょう》を期待しましょう。

有森はアトランタ大会で銅《どう》メダルを獲得し、「自分で自分をほめたい」とそのときの気持ちを表現《ひょうげん》しました。

「走った距離《きょり》は裏切《うらぎ》らない」と信じて、アテネ大会で金メダルをとった野口。

## マラソン女子 日本のメダリストたち

| 大会 | 選手 | 順位 | 記録 |
|---|---|---|---|
| 1992年 バルセロナ | 有森裕子 | 銀 | 2時間32分49秒 |
| 1996年 アトランタ | 有森裕子 | 銅 | 2時間28分39秒 |
| 2000年 シドニー | 高橋尚子 | 金 | 2時間23分14秒 五輪新 |
| 2004年 アテネ | 野口みずき | 金 | 2時間26分20秒 |

# 室伏《むろふし》親子、悲願の金メダル

## ●親子で計8大会代表のオリンピック・ファミリー

父・室伏重信《むろふししげのぶ》、息子・室伏広治《むろふしこうじ》、この親子が代表になったオリンピックは計8回を数えます。種目はハンマー投げです。直径約2mのサークルで3～4回ターンをし、約7・3kgのハンマーを投げて飛距離《ひきょり》を競《きそ》う陸上競技《りくじょうきょうぎ》で、パワーと集中力がものを言います。ふたりはおよそ40年間世界と戦いつづけ、メダルをめざしました。

重信は、1972年のミュンヘン大会から1984年のロサンゼルス大会まで4大会連続でオリンピックの代表になり、「アジアの鉄人」とよばれました。

重信と、やり投げの選手だったルーマニア人の母との間に生まれたのが広治です。そんな広治は、幼《おさな》いころから黙々《もくもく》と練習に取り組む父の姿《すがた》を見て育ちました。自然とハンマー投げに魅《み》せられ、中学3年で父の指導《しどう》のもとで練習を始めました。重信は、ついにかなえられなかったオリンピックのメダルへの夢《ゆめ》を広治にたくしたのです。

オリンピックに4度出場し、アテネ大会で金メダルを獲得《かくとく》した息子・広治。

## 室伏広治 おもな大会の成績《せいせき》

| | 大会 | 順位 | 記録 | |
|---|---|---|---|---|
| 日 | 1995年 東京 | 1位 | 69m72cm | |
| 世 | 1997年 アテネ | 10位 | 74m82cm | |
| 世 | 1999年 セビリア | 14位 | 75m18cm | |
| (五輪) | 2000年 シドニー | 9位 | 76m60cm | |
| 世 | 2001年 エドモントン | 2位 | 82m92cm | |
| ワ | 2002年 マドリード | 2位 | 80m03cm | |
| 世 | 2003年 パリ | 3位 | 80m12cm | |
| | 2003年 プラハ国際 | 1位 | 84m86cm | 日本新 |
| (五輪) | 2004年 アテネ | 金 | 82m91cm | |
| 日 | 2005年 東京※ | 1位 | 76m47cm | |
| 世 | 2007年 大阪 | 6位 | 80m46cm | |
| (五輪) | 2008年 北京 | 5位 | 80m71cm | |
| 世 | 2011年 大邱 | 1位 | 81m24cm | |
| (五輪) | 2012年 ロンドン | 銅 | 78m71cm | |
| 世 | 2013年 モスクワ | 6位 | 78m03cm | |
| 日 | 2014年 福島 | 1位 | 73m93cm | |

ミュンヘン、モントリオール、ロサンゼルスの3大会に出場した父・重信。

(五輪)オリンピック　世 世界選手権　日 日本選手権　ワ ワールドカップ

※2005年の日本選手権《にほんせんしゅけん》で広治は11連覇《れんぱ》を飾《かざ》り、父の記録を更新《こうしん》しました。

1998年、広治は76m65㎝をマーク、父の日本記録を14年ぶりに69㎝更新《こうしん》しました。

「これからは世界を相手に戦わなければならない。ほんとうの勝負はこれから始まる」

広治は決意を新たにしました。

2000年には9度めの日本記録更新となる80m23㎝をマークし、とうとう世界記録（86m74㎝）と同じ80m台に乗せます。

4か月後、広治はシドニー大会に出場します。日本人では、重信以来24年ぶりに決勝へ進出。しかし結果は76m60㎝で9位でした。

## 世界最速の4回転ターン

シドニーのくやしさをバネに、広治は海外

アテネ大会に出場した由佳。

### 室伏ファミリーのオリンピック全成績《ぜんせいせき》

| | 選手 | 種目 | 大会 | 順位 |
|---|---|---|---|---|
| 父 | 室伏重信 | ハンマー投げ | 1972年 ミュンヘン | 8位 |
| | | | 1976年 モントリオール | 11位 |
| | | | 1980年 モスクワ | 不参加 |
| | | | 1984年 ロサンゼルス | 14位 |
| 長男 | 室伏広治 | ハンマー投げ | 2000年 シドニー | 9位 |
| | | | 2004年 アテネ | 金 |
| | | | 2008年 北京 | 5位 |
| | | | 2012年 ロンドン | 銅 |
| 長女 | 室伏由佳 | ハンマー投げ | 2004年 アテネ | 予選敗退 |

の世界記録保持者《ほじしゃ》や、有力なコーチを訪《たず》ね歩《ある》きました。新たな技術《ぎじゅつ》を吸収《きゅうしゅう》するためです。広治は一日6~7時間にもおよぶ練習で、世界最速の4回転ターンを体得しました。ターンで生まれるパワーをハンマーに乗せ、投げ放つのです。

練習の成果は記録になってあらわれました。アテネ大会前年の2003年、プラハ国際《こくさい》グランプリで84m86cmの日本新記録を出し、優勝《ゆうしょう》したのです。

そしてむかえた2004年8月22日、アテネ大会男子ハンマー投げ決勝は、広治とハンガリーのアドリアン・アヌシュ、ふたりの一騎打《いっきう》ちになりました。

1投め79m90cmの広治に対し、アヌシュは80m53cm。室伏は2投め、3投めと81m台を出しましたが、アヌシュは3投めで83m19cmの大記録を出します。

序盤《じょばん》にリードをうばわれた広治は、5投めまで投げおえたところで82m35cmがベストでした。チャンスは最後の一投です。「渾身《こんしん》の力をこめて投げました」とふりかえった最終6投めのハンマーは、82m91cmの地点に落ちます。この瞬間《しゅんかん》、アヌシュの優勝が決まりました。28cmおよばず、広治はくやしい銀メダルとなりました。

この大会には、妹の由佳《ゆか》もハンマー投げの代表選手として出場しました。65m33

cmで、おしくも決勝には進めませんでしたが、親子3人のオリンピック出場は、とてもめずらしい記録です。

## 金メダル、そして銅《どう》メダル

1週間後、思わぬことが起こりました。優勝《ゆうしょう》したアヌシュが禁止《きんし》薬物の使用（ドーピング）で失格《しっかく》となったのです。広治は順位がくりあがり、金メダルとなりました。室伏親子の悲願達成です。陸上男子では戦後初の金メダル、投てき種目では日本初のメダル獲得《かくとく》でした。

「努力の結果を金メダルで残せてうれしいですが、表彰《ひょうしょう》台《だい》で受けとりたかったです」

広治はそう語りました。

つづく北京《ペキン》大会は5位に終わりました。大会後、2位と3位の選手にドーピング違反《いはん》の疑《うたが》いがかけられ、広治

### アテネ大会での上位選手の記録

| 順位 | 選手（国） | 記録 | 1投め | 2投め | 3投め | 4投め | 5投め | 6投め |
|---|---|---|---|---|---|---|---|---|
| 失格※ | アドリアン・アヌシュ（ハンガリー） | 83m19cm | 80.53 | 82.32 | 83.19 | 82.64 | 82.04 | − |
| 金 | 室伏広治（日本） | 82m91cm | 79.90 | 81.60 | 81.16 | 82.35 | × | 82.91 |
| 失格※ | イワン・チホン（ベラルーシ） | 79m81cm | × | × | 78.55 | 78.31 | 79.81 | × |
| 銅 | エスレフ・アパク（トルコ） | 79m51cm | 75.79 | 79.51 | × | 79.23 | 75.15 | 76.34 |

※アヌシュの記録は1位でしたが、ドーピング違反のため失格になりました。銀メダルを獲得したチホンも、大会から8年後、検査技術《けんさぎじゅつ》が向上した結果ドーピング違反が発覚し、メダルを剝奪《はくだつ》されました。

の順位が変わりそうになったこともありました。

「薬物に関係なく表彰台《ひょうしょうだい》に立つのが、最後に自分のやるべきこと」

そう語った広治は、37歳《さい》でむかえるロンドン大会を競技《きょうぎ》人生の集大成と位置づけました。広治の記録は78m71㎝。「自分の年齢《ねんれい》との戦いに勝てた」結果の銅メダルは、アテネ大会の金メダルにも負けない輝《かがや》きを放つメダルとなりました。

最後に、陸上の日本人メダリストの一覧《いちらん》（マラソン以外）を掲載《けいさい》します。日本の陸上競技の歴史に思いをはせてください。

### 陸上競技 日本のメダリストたち
（マラソン以外）

| 大会 | 選手 | 種目 | 順位 |
|---|---|---|---|
| 1928年 アムステルダム | 織田幹雄 | 三段跳び | 金 |
| | 人見絹枝※ | 800m | 銀 |
| 1932年 ロサンゼルス | 南部忠平 | 三段跳び | 金 |
| | | 走り幅跳び | 銅 |
| | 西田修平 | 棒高跳び | 銀 |
| | 大島鎌吉 | 三段跳び | 銅 |
| 1936年 ベルリン | 田島直人 | 三段跳び | 金 |
| | | 走り幅跳び | 銅 |
| | 原田正夫 | 三段跳び | 銀 |
| | 西田修平 | 棒高跳び | 銀 |
| | 大江季雄 | | 銅 |
| 2004年 アテネ | 室伏広治 | ハンマー投げ | 金 |
| 2008年 北京 | 塚原直貴<br>末續慎吾<br>高平慎士<br>朝原宣治 | 4×100m リレー | 銅 |
| 2012年 ロンドン | 室伏広治 | ハンマー投げ | 銅 |

※ 人見絹枝《ひとみきぬえ》は、女子初のメダリストとなりました。また、陸上女子ではただひとりのマラソン以外の種目のメダリストでもあります。

# 柔《じゅう》道《どう》界《かい》のスーパースター・野《の》村《むら》忠《ただ》宏《ひろ》

●前《ぜん》人《じん》未《み》到《とう》のオリンピック柔道3連《れん》覇《ぱ》

アテネ大会の表彰台《ひょうしょうだい》で、金メダルをかかげる野村。

### 野村忠宏3連覇の軌跡《きせき》

| 大会 | 順位 | 試合 | 内容 |
|---|---|---|---|
| 1996年 アトランタ | 金 | 2回戦 | ○一本勝ち(大外刈り) |
| | | 3回戦 | ○優勢勝ち |
| | | 4回戦 | ○一本勝ち(背負い投げ) |
| | | 準決勝 | ○一本勝ち(内また) |
| | | 決勝 | ○一本勝ち(背負い投げ) |
| 2000年 シドニー | 金 | 2回戦 | ○一本勝ち(背負い投げ) |
| | | 3回戦 | ○一本勝ち(肩車) |
| | | 4回戦 | ○一本勝ち(大外刈り) |
| | | 準決勝 | ○優勢勝ち |
| | | 決勝 | ○一本勝ち(隅落し) |
| 2004年 アテネ | 金 | 2回戦 | ○一本勝ち(背負い投げ) |
| | | 3回戦 | ○一本勝ち(背負い投げ) |
| | | 4回戦 | ○一本勝ち(内また透かし) |
| | | 準決勝 | ○一本勝ち(大内刈り) |
| | | 決勝 | ○優勢勝ち |

2004年夏、オリンピック発祥《はっしょう》の地アテネで、第1回大会以来108年ぶりのオリンピックが開かれました。この大会で日本は金16、銀9、銅《どう》12、メダル総数《そうすう》37個《こ》という史上最高の成績《せいせき》を収《おさ》めました。なかでも、金8個、銀2個と、めざましい活躍《かつやく》をみせたのが柔道《じゅうどう》の選手たちですが、エース格《かく》といえば、女子48kg級の谷亮子《たにりょうこ》と、男子60kg級の野村忠宏《のむらただひろ》でした。ともに最軽量級です。

開会式翌日《よくじつ》の8月14日、このふたりがさっそく登場しました。ひと足先に、谷が圧倒的《あっとうてき》な強さで、シドニー大会につづき2連覇《れんぱ》を達成し、野村の番が回ってきました。

「オリンピック3連覇を達成したい!」

野村の頭の中には、それしかありませんでした。前年の世界選手権《せかいせんしゅけん》で3位に敗れたのが、よほどくやしかったのでしょう。でも、もし優勝《ゆうしょう》すれば前人未到《ぜんじんみとう》の大記録です。日本人はだれもが期待していました。

アトランタ大会で優勝したのは21歳《さい》のときです。得意技《とくいわざ》の背負《せお》い投《な》げで相手を投げ飛ばし、若《わか》さと勢《いきお》いで勝ちとった金メダルでした。25歳でむかえたシドニー大会は、実力がピークのとき。多彩《たさい》な技《わざ》を身につけた野村にとって、金メダルは当然の結果でした。しかし、今度はそうはいきません。軽量級の選手にはスピードと技のキレが求められます。29歳《さい》の野村の体力はすでに下降線《かこうせん》をたどりはじめていて、力のある外国選手との戦いに耐《た》えられるか不安がありました。

じつは、シドニー大会で2連覇《れんぱ》した後、一度は引退《いんたい》を考えました。勝ってあたりまえという空気の中で自分を追いこみ、そのプレッシャーに耐《た》えて、ギリギリの精神状態《せいしんじょうたい》で柔道《じゅうどう》をする。そうした環境《かんきょう》から解放《かいほう》されたいと考えたのです。

野村は結婚《けっこん》し、妻《つま》といっしょにアメリカ留学《りゅうがく》に旅立ちました。アメリカを選んだのは、柔道があまりさかんでない土地で暮《く》らしたかったからです。

重圧《じゅうあつ》からも、きついトレーニングからも解放され、おだやかな日々が1年過《す》ぎたころ、たまたま現地《げんち》の道場で子どもたちに柔道を教える機会がありました。純粋《じゅんすい》な気持ちで柔道にむきあう子どもたちを指導《しどう》しているうちに、野村は祖父《そふ》の道場で柔道を始めた5歳のころを思いだしました。道場の畳《たたみ》の上で転がり、友達とじゃれあいながら技をかけあう日々。柔道が好きで好きでたまらなかったあのころ……。そしてこう思ったのです。

「自分が求めるものは、やっぱり柔道《じゅうどう》だったんじゃないか。失敗を恐《おそ》れずに、もう一度世界の頂点《ちょうてん》をめざそう」

野村は現役復帰《げんえきふっき》を決意しました。

## いまの自分にできる最高の柔道を

アテネ大会は決戦の日をむかえました。

2回戦から出場した野村ですが、最初の試合ではやはり緊張《きんちょう》があったのか、格下《かくした》の相手に少してこずります。しかし、最後は得意の背負《せお》い投《な》げがみごとに決まって一本勝ちとなりました。

3回戦も、1分もたたないうちに背負い投げで一本勝ちし、調子を上げます。

アテネ大会決勝の野村。オリンピック3連覇《れんぱ》は、全競技《ぜんきょうぎ》を通してアジア人初の快挙《かいきょ》でした。

4回戦はたった14秒、準決勝《じゅんけっしょう》も23秒で相手を倒《たお》しました。「決勝まではできるだけ早い時間に一本勝ちして、体力を温存《おんぞん》する」というプランどおりの戦いでした。

そしていよいよ決勝戦。相手はグルジア（現在《げんざい》の呼称《こしょう》はジョージア）のネストル・ヘルギアニ。前年のヨーロッパ選手権《せんしゅけん》のチャンピオンです。しかし、ヘルギアニも野村の敵《てき》ではありませんでした。野村がつぎからつぎへとくりだす技《わざ》に、ヘルギアニは防戦《ぼうせん》一方。野村が寝技《ねわざ》をしかけたところで、時間切れのブザーが鳴りました。文句《もんく》なし、野村の優勢勝《ゆうせいが》ちです。

オリンピック史上、だれもなしとげたことのない柔道《じゅうどう》3連覇《れんぱ》の大記録達成の瞬間《しゅんかん》でした。応援席《おうえんせき》の両親と妻《つま》が、手を取りあって喜びます。野村は畳《たたみ》の上に大の字になり、天井《てんじょう》を見あげ、喜びをかみしめました。

「いまの自分にできる最高の柔道ができたぞ！」

## 日本柔道界のヒーローたち

柔道は日本で完成した武道《ぶどう》で、「お家芸」とも言える競技《きょうぎ》です。男子は1964

年の東京《とうきょう》大会から女子は1992年のバルセロナ大会から正式種目になりました。

ここでは、大記録をうちたてた4人の選手を紹介《しょうかい》します。

ひとりめは、1984年ロサンゼルス大会の無差別級金メダリスト、山下泰裕《やましたやすひろ》です。全日本選手権《ぜんにほんせんしゅけん》を史上最年少の19歳《さい》で優勝《ゆうしょう》してからというもの、規格外《きかくがい》の強さを発揮《はっき》し、公式戦203連勝、外国人選手に生涯《しょうがい》無敗（116勝3引き分け）という大記録をつくりました。しかし、オリンピックの出場は1回だけ。ほんとうはふた

金メダルを獲得《かくとく》し、チームメイトに胴上《どうあ》げされる山下。幻《まぼろし》のモスクワ大会代表選手のうち、つぎのロサンゼルス大会でも代表に選ばれたのは山下だけでした。

## 柔道男子の獲得《かくとく》メダル数

| 大会 | 金 | 銀 | 銅 | 計 |
|---|---|---|---|---|
| 1964年 東京 | 3 | 1 | 0 | 4 |
| 1972年 ミュンヘン | 3 | 0 | 1 | 4 |
| 1976年 モントリオール | 3 | 1 | 1 | 5 |
| 1984年 ロサンゼルス | 4 | 0 | 1 | 5 |
| 1988年 ソウル | 1 | 0 | 3 | 4 |
| 1992年 バルセロナ | 2 | 1 | 2 | 5 |
| 1996年 アトランタ | 2 | 2 | 0 | 4 |
| 2000年 シドニー | 3 | 1 | 0 | 4 |
| 2004年 アテネ | 3 | 1 | 0 | 4 |
| 2008年 北京 | 2 | 0 | 0 | 2 |
| 2012年 ロンドン | 0 | 2 | 2 | 4 |
| 合計 | 26 | 9 | 10 | 45 |

日本は、これまで45個《こ》のメダルを獲得。そのうち、金メダルは半数以上の26個です。しかし、ロンドン大会では金メダル0に終わっています。

つの金メダルがとれていた可能性《かのうせい》が高いのですが、23歳《さい》という充実期《じゅうじつき》にむかえた1980年のモスクワ大会は、日本が参加しなかったため「幻《まぼろし》の代表選手」に終わっていたのです（59ページ）。

ロサンゼルス大会の2回戦で、山下は右ふくらはぎに肉ばなれを起こしてしまいます。しかし、「ここで金メダルをとらなければ、つぎはもうない」と歯を食いしばり、決勝までの全試合を一本勝ちして、ついに念願の金メダルを手にしました。

人気ナンバーワンの柔道家《じゅうどうか》といえば、古賀稔彦《こがとしひこ》でしょう。バルセロナ大会71kg級で、左ひざのけがの痛《いた》みに耐《た》えながら金メダルをとりました。豪快《ごうかい》な一本背負《いっぽんぜお》いを得意とし、柔道小説の主人公姿三四郎《すがたさんしろう》のイメージにぴったりだったことから、「平《へい》

バルセロナ大会71kg級で、左ひざを負傷《ふしょう》しながらも、金メダルを獲得《かくとく》した古賀。

シドニー大会100kg級金メダリストの井上。前年に亡《な》くなった母の名を刺繍《ししゅう》した黒帯で試合にのぞみました。

成《せい》の三四郎」とよばれました。

ロサンゼルス大会とソウル大会で連《れん》覇《ぱ》をはたし、重量級の金メダルを日本にもたらした95kg超《ちょう》級の斉《さい》藤《とう》仁《ひとし》、必殺の「内また」を武《ぶ》器《き》に一本勝ちに執《しゅう》念《ねん》を燃《も》やしたシドニー大会100kg級金メダリストの井《いの》上《うえ》康《こう》生《せい》も、柔道ニッポンの強さを世界に示した名選手として、記《き》憶《おく》に残っています。

95kg超級でロサンゼルス大会、ソウル大会と2連覇した斉藤。山下とのライバル関係も注目されました。

### 柔道男子 日本の金メダリストたち

| 大会 | 選手 | 階級 |
|---|---|---|
| 1964年 東京 | 中谷雄英 | 軽量級 |
| | 岡野功 | 中量級 |
| | 猪熊功 | 重量級 |
| 1972年 ミュンヘン | 関根忍 | 中量級 |
| | 野村豊和 | 軽中量級 |
| | 川口孝夫 | 軽量級 |
| 1976年 モントリオール | 二宮和弘 | 軽重量級 |
| | 園田勇 | 中量級 |
| | 上村春樹 | 無差別級 |
| 1984年 ロサンゼルス | 細川伸二 | 60kg級 |
| | 松岡義之 | 65kg級 |
| | 斉藤仁 | 95kg超級 |
| | 山下泰裕 | 無差別級 |
| 1988年 ソウル | 斉藤仁 | 95kg超級 |
| 1992年 バルセロナ | 吉田秀彦 | 78kg級 |
| | 古賀稔彦 | 71kg級 |
| 1996年 アトランタ | 中村兼三 | 71kg級 |
| | 野村忠宏 | 60kg級 |
| 2000年 シドニー | 野村忠宏 | 60kg級 |
| | 瀧本誠 | 81kg級 |
| | 井上康生 | 100kg級 |
| 2004年 アテネ | 野村忠宏 | 60kg級 |
| | 内柴正人 | 66kg級 |
| | 鈴木桂治 | 100kg超級 |
| 2008年 北京 | 内柴正人 | 66kg級 |
| | 石井慧 | 100kg超級 |

ロンドン大会までで、柔道は男女合わせて金メダル36個《こ》で1位。競技別《きょうぎべつ》のメダル獲得総数《かくとくそうすう》は73個で、体操《たいそう》、水泳《すいえい》につづいて3位となっています。

# 谷亮子《たにりょうこ》は女子柔道《じゅうどう》史上最強の女王

## ●5大会連続メダル獲得《かくとく》という大記録

### 谷亮子 5大会連続メダルの軌跡《きせき》

| 大会 | 順位 | 試合 | 内容 |
|---|---|---|---|
| 1992年<br>バルセロナ | 銀 | 1回戦 | ○優勢勝ち |
| | | 2回戦 | ○一本勝ち（崩れ上四方固め） |
| | | 3回戦 | ○一本勝ち（内また） |
| | | 準決戦 | ○反則勝ち |
| | | 決勝 | ●優勢負け |
| 1996年<br>アトランタ | 銀 | 1回戦 | ○一本勝ち（体落とし） |
| | | 2回戦 | ○一本勝ち（背負い投げ） |
| | | 3回戦 | ○優勢 |
| | | 準決戦 | ○一本勝ち（背負い投げ） |
| | | 決勝 | ●優勢負け |
| 2000年<br>シドニー | 金 | 2回戦 | ○優勢勝ち |
| | | 3回戦 | ○一本勝ち（払い腰） |
| | | 準決戦 | ○優勢勝ち |
| | | 決勝 | ○一本勝ち（内また） |
| 2004年<br>アテネ | 金 | 2回戦 | ○一本勝ち（合わせ技） |
| | | 3回戦 | ○一本勝ち（大外刈り） |
| | | 準決戦 | ○一本勝ち（合わせ技） |
| | | 決勝 | ○優勢勝ち |
| 2008年<br>北京 | 銅 | 1回戦 | ○優勢勝ち |
| | | 2回戦 | ○優勢勝ち |
| | | 3回戦 | ○優勢勝ち |
| | | 準決戦 | ●優勢負け |
| | | 3位決定戦 | ○一本勝ち（払い腰） |

バルセロナ大会からシドニー大会までは田村亮子《たむらりょうこ》として出場しました。2003年に結婚《けっこん》してからは谷亮子として出場しています。

アテネ大会の谷。左足首にけがを負いながらも金メダルを獲得しました。

2004年8月14日、アテネのアノリオシア・ホールで行われた柔道《じゅうどう》女子48kg級の決勝。シドニー大会につづき連覇《れんぱ》を狙《ねら》う谷亮子《たにりょうこ》（28歳《さい》）の対戦相手は、前年の世《せ》界選手権《かいせんしゅけん》で優勝《ゆうしょう》を争ったフランスのフレデリク・ジョシネ（28歳）でした。

おたがい手のうちを知りつくした強者《つわもの》同士の対戦だけあって、会場にははりつめた空気がただよいます。しかし、谷はせめの柔道で果敢《かかん》にポイントをとりにいき、残り13秒というところでみごとな大内刈《おおうちが》りを決めると、そのまま優勢勝《ゆうせいが》ちとなりました。146cmの小さな女王は天にむかって何度もこぶしをつきあげ、客席からは割《わ》れんばかりの大歓声《だいかんせい》がおくられました。

オリンピック連覇は日本女子初の大記録であり、4大会連続でメダルを獲得《かくとく》したのも、オリンピック柔道史上、谷がはじめてのことでした。

大会1か月前、左足首に全治1か月の大けがを負い、出場さえ危《あや》ぶまれた中での偉業《いぎょう》に、谷は試合直後のインタビューで「シドニーのときより何倍もうれしい」と目頭を熱くしました。この言葉には、「勝ってあたりまえ」という大きなプレッシャーからようやく解放《かいほう》された安心感も、ふくまれていたかもしれません。

## 「最高で金、最低でも金」

16歳《さい》で出場した1992年のバルセロナ大会とつづく1996年のアトランタ大会では、金メダルを期待されていながらどちらも銀メダルに終わった谷（当時は田村）。2大会とも準決勝《じゅんけっしょう》で最大のライバルを破《やぶ》ったことで、決勝戦の前に気のゆるみが生じたことが原因《げんいん》だったのかもしれません。

「負けたから銀メダリストではなく、はじめから銀メダリストの器だったのだ」

そう言いきかせて自分の弱さを受けとめると、2000年のシドニー大会にむけて、技術面《ぎじゅつめん》だけでなく精神面《せいしんめん》もきたえあげていきます。大会直前には、「最高で金、最低でも金」と公言して自分にプレッシャーを与《あた》え、決勝では開始36秒であざやかな内またを決め、悲願を達成したのです。

アテネ大会の谷。「足が使えなくなっても、畳《たたみ》の上に立ちつづけようと思った」という強い決意を胸に、金メダルを獲得《かくとく》しました。

2003年には、野球の選手として2度オリンピックに出場し、アトランタ大会で銀メダル、後にアテネ大会で銅《どう》メダルを獲得《かくとく》するプロ野球選手・谷佳知《たによしとも》と結婚《けっこん》。国民的ヒロインだった谷は、多くの人から祝福を受けました。

このころの谷には、アテネ大会でのオリンピック連覇《れんぱ》という大きな目標がありました。しかし、そこにはさらなる試練が待っていました。2002年の全日本選抜《ぜんにほんせんばつ》柔道体重別選手権大会《じゅうどうたいじゅうべつせんしゅけんたいかい》の1回戦で、16歳《さい》の福見友子《ふくみともこ》にまさかの敗北を喫《きっ》してしまったのです。谷の連勝記録は65でストップし、「世代交代」という声が聞かれるようになりました。

けれども、そんな声をバネに、谷は翌年《よくねん》の世界選手権で前人未到《ぜんじんみとう》の6連覇をなしとげます。谷なら、アテネでも金メダルをとってくれるだろう。だれもがそう思っていた矢先、大会1か月前に左足首に大けがを負ってしまいました。全治1か月、10日間は歩くこともできない状態《じょうたい》で、オリンピック出場は絶望的《ぜつぼうてき》と言われました。

「けがを理由にあきらめられたらどんなに楽だろう」

弱音をはく谷を、夫や両親がやさしくはげましました。

冷却療法《れいきゃくりょうほう》など、できる限《かぎ》りの治療をした結果、谷は驚異的《きょういてき》な回復《かいふく》をみせます。けがで休養したぶん十分な練習はできませんでしたが、自分の経験《けいけん》を信じ、アテネ大会にのぞみました。そして、日本柔道《じゅうどう》の歴史に残る大記録をうちたてたのです。

## 女子柔道躍進《やくしん》のヒストリー

女子柔道の歴史は短く、日本選手権《にほんせんしゅけん》が開かれるようになったのは1978年、世界選手権《せかいせんしゅけん》は1980年のことで、まだ40年足らずの歴史しかありません。

1984年の世界選手権で山口香《やまぐちかおり》（54kg級）が女子初の金メダルを獲得《かくとく》すると、その後も日本の女子柔道が世界に通用することが証明《しょうめい》されていきます。

1992年のバルセロナ大会では、金メダルは獲得できませんでしたが、田村（谷）亮子（48kg級）、溝口紀子《みぞぐちのりこ》（52kg級）、田辺陽子《たなべようこ》（72kg級）の3人が銀メダル、ほか2階級でも銅《どう》メダルを獲得しました。つづく1996年のアトランタ大会では恵《え》本裕子《もとゆうこ》（61kg級）が、2000年のシドニー大会では田村がつづけて金メダルをとると、女子柔道はオリンピックでメダルの量産を期待されるようになりました。

高校や大学に「女子柔道部《じゅうどう》」というものも存在《そんざい》しない時代、これらの選手たちが男子とともに練習にはげんできたことが、女子柔道の隆盛《りゅうせい》につながりました。

日本柔道界は女子の育成にますます力を入れるようになり、2004年のアテネ大会では谷の2連覇《れんぱ》をはじめ、表のように全5選手が金メダルを獲得《かくとく》しました。全7階級のうち5階級で金、1階級で銀というすばらしい記録により、日本女子柔道の名声は世界中にとどろいたのです。

北京《ペキン》大会では、谷本歩実《たにもとあゆみ》（63kg級）と上野《うえの》雅恵《まさえ》（70kg級）が連覇を達成、ほか1階級で銀、2階級で銅《どう》を獲得。ロンドン大会では松本薫《まつもとかおり》（57kg級）が金メダル、ほか1階級で銀、1階級で銅を獲得しました。

谷が引っぱってきた日本女子柔道の伝統《でんとう》は、こうして新しい世代に引きつがれていったのです。

**柔道女子 日本の金メダリストたち**

| 大会 | 選手 | 階級 |
|---|---|---|
| 1996年 アトランタ | 恵本裕子 | 61kg級 |
| 2000年 シドニー | 田村亮子（谷亮子） | 48kg級 |
| 2004年 アテネ | 谷亮子 | 48kg級 |
| | 谷本歩実 | 63kg級 |
| | 上野雅恵 | 70kg級 |
| | 阿武教子 | 78kg級 |
| | 塚田真希 | 78kg超級 |
| 2008年 北京 | 谷本歩実 | 63kg級 |
| | 上野雅恵 | 70kg級 |
| 2012年 ロンドン | 松本薫 | 57kg級 |

# 1964年東京《とうきょう》で、アジア初のオリンピックが開かれた

## ●日本史上最多16個《こ》の金メダル

1964年10月10日、東京の空は前日の雨がうそのように晴れあがりました。国《こく》立霞ヶ丘陸上競技場《りつかすみがおかりくじょうきょうぎじょう》のスタンドは満員。いよいよ、東京オリンピックの開会式が始まるのです。午後3時少し前、94の国と地域《ちいき》から集まった7000人をこえる選手が整列したところで、昭和天皇《しょうわてんのう》がマイクの前に立ちました。

「第18回近代オリンピアードを祝い、ここにオリンピック東京大会の開会を宣言《せんげん》します」

この開会宣言につづいて、ファンファーレが高らかにひびきわたりました。聖火《せいか》台《だい》に炎《ほのお》がともり、日本選手団《にほんせんしゅだん》の主将《しゅしょう》、体操《たいそう》の小野喬《おのたかし》が力強く選手宣誓《せんしゅせんせい》。見あげる青空に、航空自衛隊《じえいたい》のアクロバット飛行隊が、大きな5色の輪をえがきました。

日本人のだれもが、この日を心待ちにしていました。28年前に開催《かいさい》が決まってい

東京大会の入場式。355人の日本選手団《せんしゅだん》は赤いジャケットに白いスラックス姿で、入場行進の最後を堂々と歩きました。

ながら、戦争のために中止になった世界のアスリートの祭典、アジアではじめてのオリンピックを、ようやく開くことができたのです。

外国から訪《おとず》れる大勢《おおぜい》の関係者や観光客をむかえるため、都心には大きなホテルがつぎつぎに完成し、首都高速道路や東京モノレールが開通しました。そして10月1日には東海道新幹線《とうかいどうしんかんせん》が開業し、夢《ゆめ》の超特急《ちょうとっきゅう》が走りはじめました。

第二次世界大戦《だいにじせかいたいせん》の敗戦から19年、日本は人々の懸命《けんめい》の努力によって、みごとに復興《ふっこう》をなしとげ経済成長《けいざいせいちょう》をつづけていました。東京オリンピックの開催《かいさい》は、先進国と肩《かた》をならべるほどになった日本の姿《すがた》を世界中に示《しめ》す、とてもよいチャンスだったのです。

## メダル獲得数《かくとくすう》が最大の関心事

メイン会場の国立霞ヶ丘陸上競技場は、5万人の観客が収容《しゅうよう》できるようスタンドが増築《ぞうちく》されました。また、競泳会場として新築された国立代々木競技場《こくりつよよぎきょうぎじょう》は、ユニークなデザインで人々を驚《おどろ》かせました。柔道《じゅうどう》の会場として、日本武道館《にほんぶどうかん》が建てられたのもこのときです。

「日本は金メダルをいくつとることができるだろうか」

新聞などの予想は12個《こ》から13個でしたが、それが国民の最大の関心事でした。また、外国からやってくる有名選手の活躍《かつやく》も見のがせません。中でも注目はエチオピアのアベベ・ビキラ。4年前のローマ大会の男子マラソンでは、はだしで走って優勝《ゆうしょう》しました。東京では、どのような走りをみせてくれるのでしょうか。

女子では、チェコスロバキアの体操《たいそう》選手、ベラ・チャスラフスカに注目が集まりました。優美《ゆうび》な演技《えんぎ》もさることながら、まっ白い肌《はだ》と金髪《きんぱつ》の美しい容姿《ようし》が、大会前から話題になっていました。

さあ、いよいよ、大会2日めから競技《きょうぎ》開始です。この日、重量挙げのバンタム級で、一《いち》ノ関《せき》史郎《しろう》が銅《どう》メダルを獲得《かくとく》し、日本のメダル第1号となりました。翌日《よくじつ》には、フェザー級の三宅義信《みやけよしのぶ》が優勝《ゆうしょう》。金1、銅1とさい先よいすべりだしです。

選手強化の成果が見られたのはレスリングでした。5日め、フリースタイルの3階級で吉田義勝《よしだよしかつ》、上武洋次郎《うえたけようじろう》、渡辺長武《わたなべおさむ》が金メダルに輝《かがや》いたのです。この時点で日本の金は4個《こ》。金メダルの数では、アメリカの7個につづきソ連とならびました。

マラソンに優勝したアベベは、レース後「あと10kmは走れた」と言い、観客を驚《おどろ》かせました。

チャスラフスカは美しい演技《えんぎ》で「オリンピックの名花」と言われました。

## 国別メダル獲得数

**(大会5日めまで)**

| 順位 | 国 | 金 | 銀 | 銅 | 合計 |
|---|---|---|---|---|---|
| 1位 | アメリカ | 7 | 7 | 6 | 20 |
| 2位 | ソ連 | 4 | 3 | 5 | 12 |
| 3位 | 日本 | 4 | 0 | 3 | 7 |
| 4位 | ブルガリア | 2 | 2 | 1 | 5 |
| 5位 | ポーランド | 2 | 1 | 2 | 5 |
| 6位 | トルコ | 1 | 3 | 1 | 5 |
| 7位 | ドイツ | 1 | 2 | 2 | 5 |
| 8位 | イギリス | 1 | 1 | 0 | 2 |
| 9位 | オーストラリア | 1 | 0 | 2 | 3 |
| 10位 | チェコスロバキア | 1 | 0 | 0 | 1 |

順位は金メダル数の多い順です。当時、東西に分かれていたドイツは、統一《とういつ》チームを結成して出場しました。

## 日本5位に後退《こうたい》

しかし、それからアメリカが圧倒的《あっとうてき》な力をみせます。9日めが終わって、金29個《こ》と大きくリードしたのです。とくに、陸上男子100mと4×100mリレーに出場したボブ・ヘイズが金メダルを獲得《かくとく》、ほかにも、棒高跳《ぼうたかと》びのフレッド・ハンセンがヴォルフガング・ラインハルト（ドイツ）との死闘《しとう》を制《せい》し、スポーツ王国アメリカを印象づけました。

競泳では18歳《さい》のドン・ショランダーがめざましい活躍《かつやく》で、100mと400m自由形、4×100mリレー、4×200mリレーと4個の金メダルをとり、一躍《いちやく》ヒーローとなりました。

一方、日本は競泳の男子4×200mリレーとライフル射撃《しゃげき》の吉川貴久《よしかわよしひさ》の銅《どう》メダルだけに終わり、メダル順位は5位に下がりました。

### 国別メダル獲得数

（大会9日めまで）

| 順位 | 国 | 金 | 銀 | 銅 | 合計 |
|---|---|---|---|---|---|
| 1位 | アメリカ | 29 | 20 | 19 | 68 |
| 2位 | ソ連 | 13 | 10 | 17 | 40 |
| 3位 | ハンガリー | 5 | 5 | 3 | 13 |
| 4位 | オーストラリア | 5 | 2 | 6 | 13 |
| 5位 | 日本 | 4 | 0 | 5 | 9 |
| 6位 | イギリス | 3 | 8 | 0 | 11 |
| 7位 | ポーランド | 3 | 2 | 4 | 9 |
| 8位 | ドイツ | 2 | 12 | 6 | 20 |
| 9位 | イタリア | 2 | 5 | 2 | 9 |
| 10位 | ブルガリア | 2 | 2 | 1 | 5 |

## 日本ふたたび3位に急《きゅう》浮《ふ》上《じょう》

日本の挽回《ばんかい》は、大会後半の10日めからでした。まず、レスリングのグレコローマン2階級で、花原《はなはら》勉《つとむ》、市口《いちぐち》政光《まさみつ》が優勝《ゆうしょう》。さらに、柔道《じゅうどう》の軽量級で中谷《なかたに》雄英《たけひで》が金メダルを獲得《かくとく》します。同じ日に体操《たいそう》男子が団体《だんたい》で2連覇《れんぱ》、個人総合《こじんそうごう》でも遠藤《えんどう》幸雄《ゆきお》が悲願の金メダルを獲得しました。女子団体も銅《どう》メダル、個人総合は、予想どおりチャスラフスカが栄冠《えいかん》を勝ちとりました。

つづいて柔道の中量級で岡野《おかの》功《いさお》が優勝、12日めを終えて日本の金メダルは10個《こ》に達し、メダル獲得順位も3位に浮上します。

注目の男子マラソンは、アベベ・ビキラが2時間12分11秒2の驚異的《きょういてき》な世界最高記録で優勝、日本の円谷《つぶらや》幸吉《こうきち》が2時間16分22秒8で銅メダルを獲得しました。

**国別メダル獲得数**

**（大会12日めまで）**

| 順位 | 国 | 金 | 銀 | 銅 | 合計 |
|---|---|---|---|---|---|
| 1位 | アメリカ | 34 | 25 | 27 | 86 |
| 2位 | ソ連 | 19 | 19 | 26 | 64 |
| 3位 | 日本 | 10 | 1 | 7 | 18 |
| 4位 | ハンガリー | 9 | 5 | 4 | 18 |
| 5位 | ドイツ | 6 | 16 | 15 | 37 |
| 6位 | イタリア | 6 | 8 | 5 | 19 |
| 7位 | オーストラリア | 6 | 2 | 8 | 16 |
| 8位 | イギリス | 4 | 12 | 1 | 17 |
| 9位 | ポーランド | 4 | 5 | 8 | 17 |
| 10位 | ブルガリア | 3 | 5 | 2 | 10 |

## アメリカ、ソ連につぐ3位の金メダル数

13日め、柔道《じゅうどう》重量級の猪熊功《いのくまいさお》が優勝《ゆうしょう》し、体操《たいそう》男子では早田卓次《はやたたくじ》が種目別のつり輪で金メダルを獲得《かくとく》します。そして大づめの14日め。注目の柔道無差別級決勝で、日本の神永昭夫《かみながあきお》がオランダの巨漢《きょかん》アントン・ヘーシンクに敗れました。

その無念を払《はら》いのけたのが、女子バレーボールです。日本中が待ちに待った「東洋の魔女《まじょ》」の決勝戦。対戦相手は最大のライバルソ連。しかし、好調の日本は2セットをうばい、3セットめでマッチポイントをむかえます。ここからソ連がねばりをみせ、追いつかれましたが、最後にソ連のミスが出て、決着がつきました。

このほか、ボクシングバンタム級の桜井孝雄《さくらいたかお》が、この競技《きょうぎ》で初の金メダル。体操種目別の跳馬《ちょうば》で山下治廣《やましたはるひろ》が、平行棒《へいこうぼう》で遠藤が優勝し、最終的に日本の金メダルは16個《こ》となりました。これは、アメリカとソ連についで、堂々3位の成績《せいせき》でした。

2020年、東京にまたオリンピックがやってきます。はたして日本はいくつメダルをとることができるでしょうか？　選手たちの活躍《かつやく》に期待しましょう。

## 1964年東京大会
## 国別メダル獲得数《かくとくすう》

| 順位 | 国 | 金 | 銀 | 銅 | 合計 |
|---|---|---|---|---|---|
| 1位 | アメリカ | 36 | 26 | 28 | 90 |
| 2位 | ソ連 | 30 | 31 | 35 | 96 |
| 3位 | 日本 | 16 | 5 | 8 | 29 |
| 4位 | ドイツ | 10 | 22 | 18 | 50 |
| 5位 | イタリア | 10 | 10 | 7 | 27 |
| 6位 | ハンガリー | 10 | 7 | 5 | 22 |
| 7位 | ポーランド | 7 | 6 | 10 | 23 |
| 8位 | オーストラリア | 6 | 2 | 10 | 18 |
| 9位 | チェコスロバキア | 5 | 6 | 3 | 14 |
| 10位 | イギリス | 4 | 12 | 2 | 18 |
| 11位 | ブルガリア | 3 | 5 | 2 | 10 |
| 12位 | フィンランド | 3 | 0 | 2 | 5 |
| 12位 | ニュージーランド | 3 | 0 | 2 | 5 |
| 14位 | ルーマニア | 2 | 4 | 6 | 12 |
| 15位 | オランダ | 2 | 4 | 4 | 10 |
| 16位 | トルコ | 2 | 3 | 1 | 6 |
| 17位 | スウェーデン | 2 | 2 | 4 | 8 |
| 18位 | デンマーク | 2 | 1 | 3 | 6 |
| 19位 | ユーゴスラビア | 2 | 1 | 2 | 5 |
| 20位 | ベルギー | 2 | 0 | 1 | 3 |

金メダル獲得数3位は、オリンピック史上最高の成績《せいせき》です。

東洋の魔女《まじょ》。ソ連との決勝戦は大きな関心を集め、テレビ中継《ちゅうけい》の視《し》聴率《ちょうりつ》は66.8%を記録しました。

ボクシングバンタム級の桜井（右）。決勝戦では韓国《かんこく》の鄭申朝《チョンシンチョ》に第2ラウンドRSC（レフリーストップ）で、勝利を収《おさ》めました。

# 日本のお家芸バレーボール復《ふっ》活《かつ》の日

## ●木《き》村《むら》沙《さ》織《おり》がつかみとった28年ぶりのメダル

### ロンドン大会 バレーボール女子

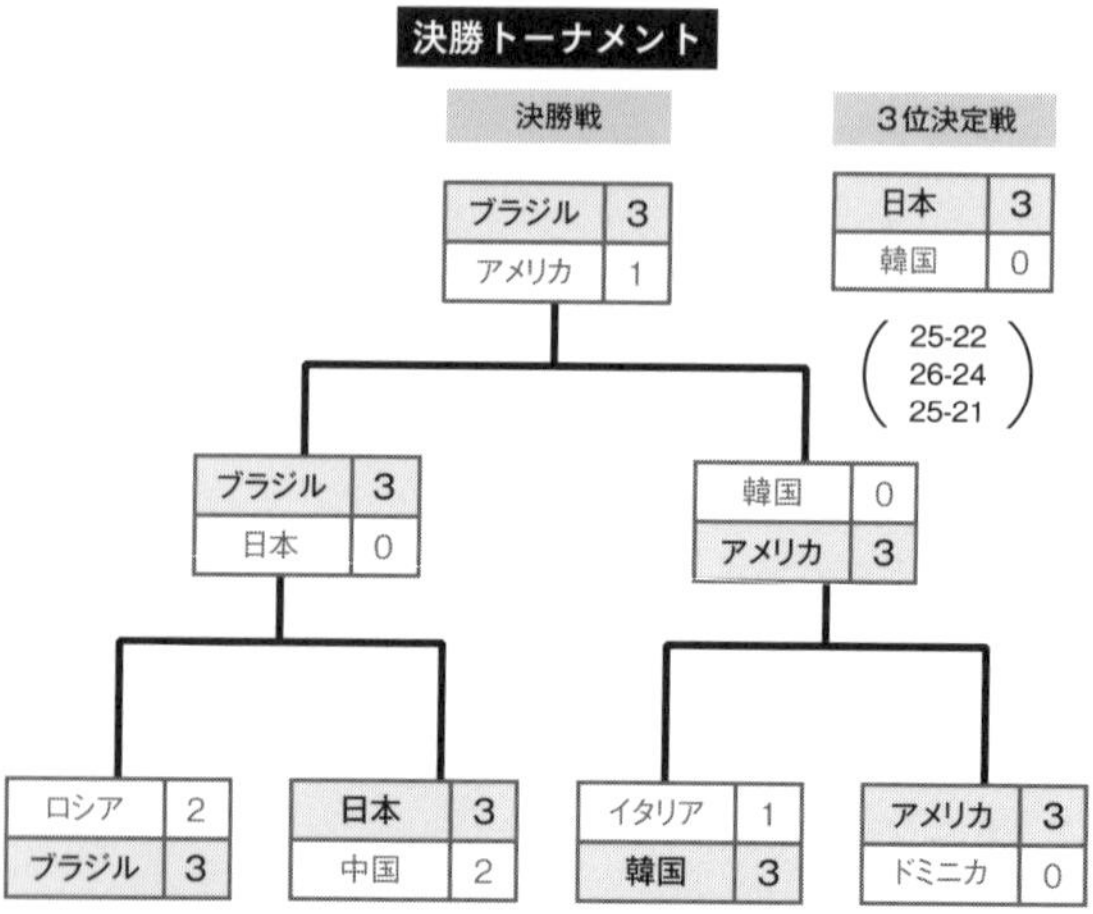


**予選ラウンド プールA**

| 順位 | チーム | 勝点 | 勝 | 敗 |
|---|---|---|---|---|
| 1位 | ロシア | 14 | 5 | 0 |
| 2位 | イタリア | 13 | 4 | 1 |
| 3位 | 日本 | 9 | 3 | 2 |
| 4位 | ドミニカ共和国 | 6 | 2 | 3 |
| 5位 | イギリス | 2 | 1 | 4 |
| 6位 | アルジェリア | 1 | 0 | 5 |

**予選ラウンド プールB**

| 順位 | チーム | 勝点 | 勝 | 敗 |
|---|---|---|---|---|
| 1位 | アメリカ | 15 | 5 | 0 |
| 2位 | 中国 | 9 | 3 | 2 |
| 3位 | 韓国 | 8 | 2 | 3 |
| 4位 | ブラジル | 7 | 3 | 2 |
| 5位 | トルコ | 6 | 2 | 3 |
| 6位 | セルビア | 0 | 0 | 5 |

各プール上位4か国が決勝トーナメントに進出しました。

28年ぶりの銅メダル。木村（右端《みぎはし》）もメダルを手に満面の笑みをうかべています。

日本がマッチポイントをむかえ、全力でスパイクを打ちこむと、韓国《かんこく》のブロックは崩《くず》れました。会場からは割《わ》れるような歓声《かんせい》と拍手《はくしゅ》がわき起こります。コート上では選手たちが折り重なり、泣きくずれます。

２０１２年８月11日、ロンドン大会女子バレーボール３位決定戦、日本対韓国。日本がライバル韓国をストレートで破《やぶ》り、銅《どう》メダルを獲得《かくとく》した瞬間《しゅんかん》です。日本のバレーボール界にとって28年ぶりのメダルでした。

バレーボールがオリンピックの正式種目になった１９６４年の東京《とうきょう》大会で、「東洋の魔《ま》女《じょ》」と恐《おそ》れられた日本選手たちは、高さとパワーではるかに上の外国チームを相手に、回転レシーブを武器《ぶき》に、ねばりとスピーディーなプレーをみせつけて全勝、初代女王に輝《かがや》きました。

それからバレーボールはメダルが狙《ねら》える「お家芸」と言われ表彰台《ひょうしょうだい》に立ちつづけました。しかし、1984年のロサンゼルス大会を最後に、メダルがとれない低迷期《ていめいき》がつづいていたのです。

## 自分の殻《から》を破《やぶ》るんだ

そんな冬の時代に差しこんだひと筋《すじ》の光。木村沙織《きむらさおり》は、そんな存在《そんざい》でした。

高校2年生のとき、史上最年少の17歳《さい》で2004年のアテネ大会代表に選ばれた木村は、180㎝をこえる長身でありながら、アタック、レシーブ、トスのすべてを器用にこなすスーパー女子高生として注目を集めました。オリンピック出場の切《きっ》

**バレーボール女子**
**オリンピック全成績《ぜんせいせき》**

| 大会 | 順位 |
|---|---|
| 1964年 東京 | 金 |
| 1968年 メキシコシティー | 銀 |
| 1972年 ミュンヘン | 銀 |
| 1976年 モントリオール | 金 |
| 1980年 モスクワ | 不参加 |
| 1984年 ロサンゼルス | 銅 |
| 1988年 ソウル | 4位 |
| 1992年 バルセロナ | 5位 |
| 1996年 アトランタ | 9位 |
| 2000年 シドニー | 予選敗退 |
| 2004年 アテネ | 5位 |
| 2008年 北京 | 5位 |
| 2012年 ロンドン | 銅 |

符《ぷ》をかけた最終予選では、デビュー戦にもかかわらず、14得点の活躍《かつやく》でチームに貢献《こうけん》。試合後のインタビューでは、「緊張《きんちょう》する暇《ひま》もなかったです！」と天真爛漫《てんしんらんまん》な笑顔をみせました。

しかし、アテネ入りしたとたん、木村はかつてないほどの腰《こし》の痛《いた》みにおそわれてしまいます。結局、ほとんど戦力になれないまま、日本は準々決勝《じゅんじゅんけっしょう》で敗退《はいたい》しました。木村は情《なさ》けない思いでいっぱいでした。

それからだれよりも練習に打ちこんだ木村は、気がつけば対戦相手からマークされる中心プレーヤーに成長していました。しかし、2008年の北京《ペキン》大会でも、日本はベスト8に終わってしまい、雪辱《せつじょく》を果たすことはできませんでした。

2度の敗北を経験《けいけん》した木村は「日本に足りないのは、チームワークかもしれない。アタッカーだけではなく、全員で一本を決めるんだ」と思うようになります。

3位決定戦で韓国をくだした日本。木村はポイントゲッターとして大活躍しました。

それから木村は、くやしい、勝ちたいという感情《かんじょう》を、メンバーの前で素直《すなお》に出すようになりました。メダルをとれるチームをつくるため、まずは自分から殻《から》を破《やぶ》ることにしたのです。

そんな木村に導《みちび》かれ、チームは変わり、快進撃《かいしんげき》を始めます。

2010年の世界選手権《せかいせんしゅけん》では、世界ランク2位のアメリカを破り、32年ぶりの銅《どう》メダルを獲得《かくとく》。木村は、得点ランキングで全選手中2位というすばらしい記録を残しました。「東洋の魔女《まじょ》」は復活《ふっかつ》するのか？　そんな期待が、日本中で高まっていきました。

そしてむかえたロンドン大会で、ついに日本はメダルを手にしたのです。

「みんなでつみ重ねてきたものを、しっかり出すことができました」

歴史的な大仕事をやりとげた後、そうインタビューにこたえる木村の表情には、やはり笑みがあふれていました。

8年前は先輩《せんぱい》たちの陰《かげ》に隠《かく》れていた天才少女が、ロンドン大会では得点ランキング3位の頼《たの》もしいエースに成長したのです。ロンドン大会後の2013年、木村は日本代表チームのキャプテンに就任《しゅうにん》しました。日本の女子バレーは木村とともに、ふたたび頂点《ちょうてん》をめざして歩みはじめました。

## 復活《ふっかつ》が待たれる男子バレー

男子バレーは、1972年のミュンヘン大会で、「ミュンヘンの奇跡《きせき》」とよばれた快進撃《かいしんげき》をみせ、金メダルに輝《かがや》きました。世界一のセッター猫田勝敏《ねこだかつとし》を中心に、クイック攻撃《こうげき》や時間差攻撃などのコンビネーションバレーを展開《てんかい》し、勝利をひきよせたのです。

しかし男子はミュンヘン大会を最後にメダルがありません。アトランタ大会以降《いこう》は予選通過《よせんつうか》もままならならず、オリンピックに出場したのは北京大会だけでした。リオデジャネイロ大会、東京大会と復活が期待されます。

**バレーボール男子オリンピック全成績《ぜんせいせき》**

| 大会 | 順位 |
|---|---|
| 1964年 東京 | 銅 |
| 1968年 メキシコシティー | 銀 |
| 1972年 ミュンヘン | 金 |
| 1976年 モントリオール | 4位 |
| 1980年 モスクワ | 予選敗退 |
| 1984年 ロサンゼルス | 7位 |
| 1988年 ソウル | 10位 |
| 1992年 バルセロナ | 6位 |
| 1996年 アトランタ | 予選敗退 |
| 2000年 シドニー | 予選敗退 |
| 2004年 アテネ | 予選敗退 |
| 2008年 北京 | 11位 |
| 2012年 ロンドン | 予選敗退 |

# なでしこの快進撃《かいしんげき》

## ●ロンドンの銀とメキシコの銅《どう》は日本サッカーの誇《ほこ》り

2012年8月9日、サッカー女子日本代表「なでしこジャパン」の選手たちは、ロンドン大会決勝のピッチに立っていました。グループリーグを1勝2引き分けの2位で通過《つうか》すると、準々決勝《じゅんじゅんけっしょう》ではブラジルを2－0で破《やぶ》り、準決勝でフランスに2－1で競《せ》り勝《か》って、この舞台《ぶたい》にたどり着いたのです。

対戦相手はアメリカ。選手はもちろん、現地《げんち》にかけつけたサポーターも、テレビで観戦する日本中のなでしこファンも、前年の記憶《きおく》をよみがえらせていました。

それは、日本中をわかせた2011年ワールドカップド

**サッカー女子のオリンピック成績《せいせき》**

| 大会 | 順位 |
|---|---|
| 1996年 アトランタ | グループリーグ敗退 |
| 2000年 シドニー | 予選敗退 |
| 2004年 アテネ | ベスト8 |
| 2008年 北京 | 4位 |
| 2012年 ロンドン | 銀 |

ロンドン大会での背番号《せばんごう》10の澤と背番号8の宮間。

イッ大会の決勝戦です。延長戦《えんちょうせん》後半の終了《しゅうりょう》間際《まぎわ》に、澤穂希《さわほまれ》のミラクルシュートで同点に追いつき、ＰＫ戦を制《せい》して、なでしこは世界の頂点《ちょうてん》に立ったのです。澤は得点王とＭＶＰに輝《かがや》きました。

## 澤穂希と宮間《みやま》あや

「夢よもう一度！」

日本人のだれもがそう願っていました。

「今度はオリンピックの金をとってほしい」

しかし、アメリカの実力は世界のトップ。

そのうえ、「2度つづけては負けられない」と必死になっています。そんな強豪《きょうごう》チームを相手に、頼《たよ》りになるのは、やっぱりチームのまとめ役の澤でした。澤からなでしこのキャプテンを引きついだ宮間あやも、「サッカーは、実力差をこえる結果を出しやすいスポーツだと思っています」

と決意を語り、オリンピックの決勝戦にのぞみました。

試合は前半にアメリカが1点を先制《せんせい》、後半にも追加点を入れ、0－2となってしまいました。しかし後半18分、ゴール前の混戦《こんせん》から澤のパスを受けた大儀見優季《おおぎみゆうき》がおしこみ、1点を返して望みをつなげます。その後もアメリカの攻撃《こうげき》を防《ふせ》ぎ、ボール支配率《しはいりつ》では相手をしのいで最後までせめつづけましたが、おしいところでもう1点が入りません。そしてついに試合終了《しゅうりょう》のホイッスルが。

うなだれてくやし涙《なみだ》を流す選手もいましたが、表彰式《ひょうしょうしき》ではみんな晴れやかな表情《ひょうじょう》をみせていました。銀メダルは日本サッカー史上最高の大記録ですから、みごとと言うしかありません。宮間も、

「すてきな仲間がいたからこそとれた銀メダルです。誇《ほこ》りに思っています」

という言葉を残しました。4回めのオリンピックではじめてメダルを手にした澤も、満足そうでした。澤はオリンピックで金メダルを獲得《かくとく》する夢《ゆめ》を後輩《こうはい》たちにたく

し、２０１５年現役《げんえき》を引退《いんたい》しました。

男子サッカーもオリンピックでは健闘《けんとう》しています。１９６８年のメキシコシティー大会では、世界一のストライカー釜本邦茂《かまもとくにしげ》の活躍《かつやく》で、銅《どう》メダルを獲得《かくとく》しました。

また、１９９６年のアトランタ大会では、中田英寿《なかたひでとし》や前園真聖《まえぞのまさきよ》、川口能活《かわぐちよしかつ》らのチームが、グループリーグで強豪《きょうごう》ブラジルを１－０で破《やぶ》りました。この勝利はいまでもサッカーファンの間で、「マイアミの奇跡《きせき》」とよばれています。

### サッカー男子のオリンピック成績《せいせき》

| 大会 | 順位 |
|---|---|
| 1936年 ベルリン | ベスト8 |
| 1956年 メルボルン | 1回戦敗退 |
| 1964年 東京 | ベスト8 |
| 1968年 メキシコシティー | 銅 |
| 1996年 アトランタ | グループリーグ敗退 |
| 2000年 シドニー | ベスト8 |
| 2004年 アテネ | グループリーグ敗退 |
| 2008年 北京 | グループリーグ敗退 |
| 2012年 ロンドン | 4位 |

1988年のソウル大会までは、ワールドカップの予選と本大会に出場したことのない選手に参加資格《さんかしかく》がありました。1992年のバルセロナ大会から、23歳《さい》以下であればすべての選手が参加できるようになりました。また1996年のアトランタ大会から、24歳以上の選手が最大3名まで出場できるオーバーエイジ枠《わく》がつくられました。

アトランタ大会でブラジルと戦うキャプテンの前園。

なるほどコラム

# オリンピックびっくり記録集 2

オリンピックの歴史を感じさせる
記録を集めてみました。

## 最多出場

| 回数 | 選手（国） | 種目 | 大会 |
|---|---|---|---|
| 10回 | イアン・ミラー（カナダ） | 馬術 | 1972年 ミュンヘン大会～2012年 ロンドン大会 |

カナダはモスクワ大会には不参加でしたが、参加していればミラーの記録は11回になっていたはずです。写真はロンドン大会。

## 連続金メダル

| 連覇数 | 選手（国） | 種目 | 大会 |
|---|---|---|---|
| 6連覇 | アラダール・ゲレビッチ（ハンガリー） | フェンシング男子サーブル団体 | 1932年 ロサンゼルス大会～1960年 ローマ大会 |

ゲレビッチは戦争をはさんで6回出場し、28年間チャンピオンの座《ざ》を守りつづけました。

## もっともお金がかかった大会

| 金額 | 大会 |
|---|---|
| 5兆円 | 2014年 ソチ |

2014年の冬季ソチ大会（ロシア）は、道路や鉄道の整備《せいび》などのために、およそ5兆円がかかりました。ちなみに、2002年のソルトレイクシティー大会は2400億円ですみました。

## 幻《まぼろし》の「芸術競技《げいじゅつきょうぎ》」

| 種目 | 大会 |
|---|---|
| 都市計画、建築設計、詩歌、劇作、叙事詩、音楽全般、声楽作曲、器楽作曲、オーケストラ作曲、絵画、単彩画と水彩画、ポスター・スタンプ・シール、彫刻・エッチング、彫塑、メダル、レリーフ、山岳賞、グライダー賞 | 1912年 ストックホルム大会～1948年 ロンドン大会 |

1912年から1948年まで行われた「芸術競技」は、選手がつくった作品を審査員《しんさいん》が採点《さいてん》して、順位が決められました。写真は1936年ベルリン大会の彫塑種目《ちょうそしゅもく》の金メダル作品『御者像《ぎょしゃぞう》』（イタリアのファルピ・ヴィニョーリ作）です。

# 第3章 冬季オリンピック

雪と氷のキャンバスに記録と感動を描《えが》きだす、
それが冬季オリンピックです。
中でも観客をもっとも魅了《みりょう》する種目が、
氷上の芸術《げいじゅつ》、フィギュアスケートではないでしょうか。
だれよりも力強く、だれよりも美しく、
前人未到《ぜんじんみとう》の世界を目指して、
羽生結弦《はにゅうゆづる》選手の孤高《ここう》の戦いが始まります。

# 未知の世界へ跳《と》ぶ羽生結弦《はにゅうゆづる》

## ●フィギュアスケート男子日本初の金メダル

2014年2月に開催《かいさい》されたソチ大会。19歳《さい》の若きエース・羽生結弦《はにゅうゆづる》がフィギュアスケート日本男子初の金メダルをとることができるか、それが日本人の最大の関心事でした。

羽生の最大のライバルは、世界選手権《せかいせんしゅけん》3連覇中《れんぱちゅう》の王者、カナダのパトリック・チャンです。チャンは、オリンピックを前に「ライバルは気にならない。自分との戦いに勝てれば金メダルはかならずとれる」と自信をのぞかせていました。

フィギュアスケート男女シングルは、ショートプログラム(SP)、フリープログラム(FS)の合計得点で争われます。

2月13日、まずはSPが行われました。

**ソチ大会 フィギュアスケート男子シングル**

| 順位 | 選手（国） | SP | FS | 計 |
|---|---|---|---|---|
| 金 | 羽生結弦（日本） | 101.45（1位） | 178.64（1位） | 280.09 |
| 銀 | パトリック・チャン（カナダ） | 97.52（2位） | 178.10（2位） | 275.62 |
| 銅 | デニス・テン（カザフスタン） | 84.06（9位） | 171.04（3位） | 255.10 |

ソチ大会のメダリスト。左からチャン（銀）、羽生（金）、テン（銅《どう》）。

羽生の曲は『パリの散歩道《さんぽみち》』という、ギターのむせび泣くような音色が耳に残るブルースです。この曲を使うのは2シーズンめで、羽生は、完全に曲のイメージを自分のものにしていました。とても完成度の高いプログラムで、演《えん》じるたびに観客席から大きな歓声《かんせい》があがります。

この日も、羽生はほぼ完璧《かんぺき》な演技《えんぎ》をみせました。得点は、なんと101・45。世界最高得点です。100点をこえる点数が出たのは史上初のことでした。

チャンの滑走順《かっそうじゅん》は羽生のふたり後でしたが、最初の大技《おおわざ》、4回転トウループ※1＋トリプルトウループをきれいに決めたものの、

※1「トウループ」右足外側のエッジに乗り、左足のつま先をついて踏《ふ》みきります。すべってきた軌道《きどう》を利用して跳《と》ぶので、比較的《ひかくてき》やさしいジャンプです。（1～5の説明は右足が利《き》き足《あし》の場合）

トリプルアクセル※2（3回転半）の着氷がわずかに乱《みだ》れました。このたったひとつのジャンプのミスが響《ひび》き、羽生とチャンの間には3・93という得点差が生まれたのです。

初日のSPを終えて、羽生は1位に立ちました。

## 羽生とオーサーコーチの「秘策《ひさく》」

羽生のオリンピックにむけた戦いは、2シーズン前からすでに始まっていました。練習の拠点《きょてん》を、地元の宮城県仙台市《みやぎけんせんだいし》からカナダのトロントに移《うつ》し、ブライアン・オーサーコーチの指導《しどう》を受けるようになったのです。

羽生とオーサーコーチは、チャンの演技《えんぎ》を徹底的《てっていてき》に研究しました。チャンの武器《ぶき》は、技術力《ぎじゅつりょく》だけでな

SPで演技をする羽生。大胆《だいたん》なポーズもある『パリの散歩道』は、観客の心をわしづかみにするプログラムでした。

※2「アクセル」6種類のジャンプ（アクセル・ルッツ・フリップ・ループ・サルコウ・トウループ）の中で、唯一《ゆいいつ》前向きのまま踏《ふ》みきります。もっとも基礎点が高いジャンプです。

く、世界一と言われる滑《なめ》らかなスケーティングにあります。そのためプログラムは、スケーティングや表現力《ひょうげんりょく》を評価《ひょうか》する演技構成《えんぎこうせい》に重きを置くのが特徴《とくちょう》です。

それに対抗《たいこう》するため、羽生はFSの演技の冒頭《ぼうとう》で、4回転サルコウ※3を取り入れる決断《けつだん》をしました。チャンは跳《と》ぶことのできない、むずかしいジャンプです。羽生にとっても、そのシーズンの成功率《せいこうりつ》は20％だったので、とても大きな賭《か》けでした。しかし、たとえ転倒《てんとう》したとしても、4回転を回りきっていれば7・50という高得点がもらえるのが魅力的《みりょくてき》でした。

羽生の秘策《ひさく》はほかにもありました。得点が1・1倍になる後半に、高得点を稼《かせ》げるトリプルアクセルからのコンビネーションジャンプを2本用意していたのです。冒頭の4回転サルコウで失敗しても、それを補《おぎな》えるようにと考えられた作戦でした。それに対して、チャンが用意していた構成は、後半のジャンプにトリプルアクセルを入れないなど、羽生より基礎点が低いものでした。

いよいよ、FS。滑走順《かっそうじゅん》は、羽生が最終グループの3番めでチャンが4番めです。最終グループ6選手による6分間練習のとき、羽生は違和感《いわかん》がありました。

※3「サルコウ」左足内側のエッジですべりながら、右足を前方に振《ふ》りあげて跳ぶため、瞬間的《しゅんかんてき》に足がハの字になるのが特徴《とくちょう》です。

「体が動かず、あせりと不安が出てきた」

その違和感《いわかん》をぬぐい去れないまま、演技《えんぎ》がスタートしました。最初の秘策《ひさく》、4回転サルコウは転倒《てんとう》してしまいました。しかし、この失敗はある意味想定内のことで、羽生は集中を切らすことがありませんでした。

ただ、ひとつ誤算《ごさん》がありました。3つめのジャンプ、トリプルフリップ※4でバランスを崩《くず》し、手をついてしまったのです。トリプルフリップは羽生が得意とする技《わざ》で「中学1年生以来の失敗」でした。

しかし、もうひとつの秘策の後半の連続ジャンプが残っています。羽生は「もう気持ちとかじゃなくて、本能《ほんのう》みたいな感じ。体が動く限《かぎ》り跳《と》んでやろうという心《しん》境《きょう》」で、2本とも美しく決めて、大きな加点をもらいました。

そして、フィニッシュ。

羽生は右ひざと右手をリンクにつけ、左手を天につきあげました。

「お願い、お願い、お願い！」

FSのフィニッシュ。

※4「フリップ」前むきに滑走《かっそう》し、跳ぶ直前に後ろ向きになり、左足内側のエッジに乗って右のつま先をついて跳びます。

得点を待つ場所「キス・アンド・クライ」で、羽生はそうつぶやきつづけました。表示《ひょうじ》された得点は、178・64。

## 「アイム・ファースト?」

しかし、勝負はまだわかりません。チャンがトップに立つためには182・57が必要ですが、もしもノーミスですべれば、とることのできる点数です。

チャンは最初の4回転トウループからの連続ジャンプを美しく決めてきました。調子はよさそうに見えましたが、つぎの4回転トウループで崩《くず》れ、手をついてしまいます。その直後のトリプルアクセルでもステップアウト※5。この時点で、目立つミスは羽生と同じふたつとなりました。

しかし、世界王者のチャンはすぐにミスから立ち直り、風格《ふうかく》あふれる演技《えんぎ》をみせます。最後のジャンプは、むずかしいトリプルアクセルをさけて、難易度《なんいど》を落としたダブルアクセル(2回転半)です。しかし、ここでまさかのステップアウト。チャンは3つめのミスをおかしてしまったのです。得点は178・10。わずかの差で

※5「ステップアウト」ジャンプの着氷が乱《みだ》れて、右足1本で支《ささ》えられずに左足もついてしまうことです。

羽生が逃《に》げきりました。

羽生とオーサーコーチの作戦が、みごとに的中したのです。

チャンがキス・アンド・クライでその得点を見つめ、顔をおおっていたとき、羽生はリンクの裏《うら》で記者からの質《しつ》問《もん》にこたえている最中でした。

モニターに映《うつ》しだされる得点をのぞきこみ、

「アイム・ファースト？　アイム・ゴナ・ファースト？（ぼくが1番？）」

周囲の記者たちにたしかめるように何度もそうたずねました。

記者たちのこたえは、もちろん「イ

**羽生結弦 おもな国際《こくさい》大会の成績《せいせき》**

| 年月 | 大会（国） | SP | FS | 結果 |
|---|---|---|---|---|
| 2011年12月 | グランプリファイナル・ケベックシティ（カナダ） | 4位(79.33) | 3位(166.49) | 4位(245.82) |
| 2012年3月 | 世界選手権・ニース（フランス） | 7位(77.07) | 2位(173.99) | 3位(251.06) |
| 2012年12月 | グランプリファイナル・ソチ（ロシア） | 3位(87.17) | 3位(177.12) | 2位(264.29) |
| 2013年3月 | 世界選手権・ロンドン（カナダ） | 9位(75.94) | 3位(169.05) | 4位(244.99) |
| 2013年12月 | グランプリファイナル・福岡（日本） | 1位(99.84) | 1位(193.41) | 1位(293.25) |
| 2014年3月 | ソチオリンピック（ロシア） | 1位(101.45) | 1位(178.64) | 金(280.09) |
| 2014年2月 | 世界選手権・さいたま（日本） | 3位(91.24) | 1位(191.35) | 1位(282.59) |
| 2014年12月 | グランプリファイナル・バルセロナ（スペイン） | 1位(94.08) | 1位(194.08) | 1位(288.16) |
| 2015年3月 | 世界選手権・上海（中国） | 1位(95.20) | 3位(175.88) | 2位(271.08) |
| 2015年12月 | グランプリファイナル・バルセロナ（スペイン） | 1位(110.95) | 3位(219.48) | 1位(330.43) |

エス！」です。

記者会見で、羽生は気持ちを素直《すなお》に表現《ひょうげん》しました。

「結果としてはすごくうれしい反面、自分の中ではけっこうくやしい」

日本フュギュア男子ではじめて、オリンピックの金メダルを手にしたにもかかわらず、羽生は、FSの点数がのびなかったことをくやんでいたのです。

## 躍進《やくしん》する日本のフィギュアスケートの歴史

スケート競技《きょうぎ》で日本が冬季オリンピックにはじめて参加したのは、1932年のレークプラシッド大会のことです。

1972年には、札幌《さっぽろ》でオリンピックが開催《かいさい》されました。フィギュアスケートでは「銀盤《ぎんばん》の妖精《ようせい》」ことジャネット・リン（アメリカ）が人気者となり、日本でのフィギュア人気も少しずつ上がっていきます。

1977年、東京《とうきょう》で行われた世界選手権《せかいせんしゅけん》で、男子シングルの佐野稔《さのみのる》が3位となりました。フィギュアスケートで、日本人初のメダリストの誕生《たんじょう》でした。

一方、日本女子初のメダリストとなったのは、渡部絵美《わたなべえみ》です。１９７９年にウィーンで開かれた世界選手権《せかいせんしゅけん》で銅《どう》メダルを獲得《かくとく》しました。

オリンピックで、日本人初のメダルを獲得したのは伊藤《いとう》みどりです。「ジャンプの天才」とよばれ、１９８９年の世界選手権では女子として初のトリプルアクセルを決めて優勝《ゆうしょう》。3年後の１９９２年アルベールビル大会では、ＳＰ４位と出遅《でおく》れましたが、ＦＳで、オリンピックでは女子初のトリプルアクセルを決めて、銀メダルを獲得しました。

伊藤は、ひとつのプログラムの中でトリプルアクセルをのぞく5種類の3回転ジャンプを、またトリプルアクセルをふくむ6種類の3回転ジャンプを、すべて成功させた選手でもあります。

日本人としてはじめて、世界フィギュアスケート殿堂《でんどう》入りもはたした伊藤。

荒川の特技《とくぎ》は、体のやわらかさをいかした「イナバウアー」です。

## 荒川静香《あらかわしずか》、浅田真央《あさだまお》、そして髙橋大輔《たかはしだいすけ》

日本フィギュアスケート初のオリンピック金メダリストになったのが荒川静香です。荒川は、2006年トリノ大会で、長い四肢《しし》をしなやかにのばした完璧《かんぺき》な演技《えんぎ》をみせ、金メダルを獲得《かくとく》しました。両足を前後に開いたまま横にすべり、上半身を

**フィギュアスケート
女子シングル 日本の入賞者たち**

| 大会 | 選手 | 順位 |
|---|---|---|
| 1964年 インスブルック | 福原美和 | 5位 |
| 1980年 レークプラシッド | 渡部絵美 | 6位 |
| 1988年 カルガリー | 伊藤みどり | 5位 |
| 1992年 アルベールビル | 伊藤みどり | 銀 |
| | 佐藤有香 | 7位 |
| 1994年 リレハンメル | 佐藤有香 | 5位 |
| 2002年 ソルトレークシティー | 村主章枝 | 5位 |
| 2006年 トリノ | 荒川静香 | 金 |
| | 村主章枝 | 4位 |
| 2010年 バンクーバー | 浅田真央 | 銀 |
| | 安藤美姫 | 5位 |
| | 鈴木明子 | 8位 |
| 2014年 ソチ | 浅田真央 | 6位 |
| | 鈴木明子 | 8位 |

大きく後ろにそらす「イナバウアー」はあまりにも美しく、喝采《かっさい》をあびました。

天才少女とよばれ、17歳《さい》にして世界選手権《せかいせんしゅけん》で初《はつ》優勝《ゆうしょう》した浅田真央は、尊敬《そんけい》する伊藤みどりを指導《しどう》した山田満知子《やまだまちこ》コーチのもと、子どものころからトリプルアクセルの練習に取り組みました。２０１０年のバンクーバー大会では、女子ではじめてひとつの大会でトリプルアクセルを3度成功させ、銀メダルを獲得《かくとく》しました。バンクーバー大会の金メダリスト、韓国《かんこく》のキム・ヨナと浅田のライバル物語は、ファンの間で永遠に語りつがれていくことでしょう。

バンクーバー大会では、男子の高橋大輔が3位に入り、オリンピックでは日本男

浅田の武器《ぶき》は、トリプルアクセルだけではありません。美しいスピンも大きな特徴《とくちょう》です。

**フィギュアスケート**
**男子シングル 日本の入賞者たち**

| 大会 | 選手 | 順位 |
|---|---|---|
| 2002年 ソルトレークシティー | 本田武史 | 4位 |
| 2006年 トリノ | 髙橋大輔 | 8位 |
| 2010年 バンクーバー | 髙橋大輔 | 銅 |
| | 織田信成 | 7位 |
| | 小塚崇彦 | 8位 |
| 2014年 ソチ | 羽生結弦 | 金 |
| | 町田樹 | 5位 |
| | 髙橋大輔 | 6位 |

子初のメダリストになりました。高橋の特徴《とくちょう》は「世界一」と評《ひょう》されたステップにあります。正確《せいかく》で表現力豊《ひょうげんりょくゆた》かな華麗《かれい》なステップで、ファンを魅了《みりょう》しつづけました。２０１０年の世界選手権《せかいせんしゅけん》では、アジア人男子として初の優勝《ゆうしょう》をはたしています。

羽生は２０１５年のグランプリファイナルで３３０・43という、フィギュアスケート史上最高得点を記録しています。羽生結弦の進化は、まだまだ終わらないようです。

高橋は、豊かな表現力が評価《ひょうか》されました。

## フィギュアスケート男子シングル 歴代得点ベスト5（2016年3月現在）

| 順位 | 選手 | 記録 | 大会 |
|---|---|---|---|
| 1位 | 羽生結弦（日本） | 330.43（SP・110.95、FS・219.48） | 2015年 グランプリファイナル |
| 2位 | ハビエル・フェルナンデス（スペイン） | 302.77（SP・102.54、FS・200.23） | 2016年 ヨーロッパ選手権 |
| 3位 | パトリック・チャン（カナダ） | 295.27（SP・98.52、FS・196.75） | 2013年 エリック・ボンパール杯 |
| 4位 | 金博洋《ジンボーヤン》（中国） | 289.83（SP・98.45、FS・191.38） | 2016年 四大陸選手権 |
| 5位 | デニス・テン（カザフスタン） | 289.46（SP・97.61、FS・191.85） | 2015年 四大陸選手権 |

# 「レジェンド」葛西紀明《かさいのりあき》インタビュー

## ●「メダルの色は関係ありません」

舞台《ぶたい》はロシアのソチ。葛西紀明《かさいのりあき》にとっては、じつに7回めのオリンピック出場です。スピードスケートと自転車で冬季と夏季をあわせて7大会出場という橋本聖子《はしもとせいこ》の記録がありますが、冬季だけで7大会連続は、世界最多記録です。

葛西は1994年にリレハンメル大会のラージヒル団体《だんたい》で銀メダルをとりましたが、まだ金メダルは獲得《かくとく》していません。ソチ大会で葛西は、ノーマルヒル個人《こじん》、ラージヒル個人、ラージヒル団体の全出場種目で、金メダルをめざしました。

しかし、最初の種目のノーマルヒル個人は8位に終わってしまいました。

ジャンプ競技《きょうぎ》は2本飛び、その合計ポイントで競《きそ》います。1回めで上位30人に入らないと2回めに進めません。2回めは上位30人のうち、成績《せいせき》の悪い順に飛んでいきます。

葛西は、ソチ大会ラージヒル個人で銀メダルを獲得《かくとく》しました。

「ぼくが表彰台《ひょうしょうだい》に上がるときは、1回めで上位につけて2回めをむかえるパターンが多いんですよ。そうすれば、緊張《きんちょう》しすぎることなく自分のジャンプに集中できますから。1回めが勝負！ つぎのラージヒル個人《こじん》ではそう決意していどみました」

ジャンプの得点は、飛距離点《ひきょりてん》に空中や着地の姿勢《しせい》を採点《さいてん》した飛型点などの合計で計算されます。着地は「テレマーク姿勢」と言って、前後に足を広げて腰《こし》を落とした姿勢が美しいとされています。

ラージヒル個人の1回め。

「無に近い気持ちでスタートできました。サッツ（踏《ふ》みきり）はいつもどおりで、テレマークはちょっと決まらなかったのが残念。でも1位とは2・8ポイント差、十分金メダルのチャンスはあると思いました」

1回めの飛距離は139・0m、

2回めのジャンプは着地もしっかり決まって133・5mです。

「得点が出る前に、(伊東《いとう》)大貴《だいき》、(竹内《たけうち》)択《たく》、(清水《しみず》)礼《れ》留飛《るひ》がかけよってきて祝福してくれました。結局、金には届《とど》かずチキショーという思いもありましたけど、くやしさより銀メダルの喜びのほうが大きかったですね」

葛西は、個人《こじん》種目初のメダルを手にしました。

「負けたくないという気持ちが強かった。たくさんの人に支《ささ》えてもらいました。お父さん、お母さん、姉、妹、世界中のファンの方たちの応援《おうえん》にこたえたいと思っていました」

41歳《さい》254日でのメダル獲得《かくとく》は、冬季オリンピックのスキージャンプでの世界最年長記録となり、新しい「レジェンド(伝説)」をうちたてました。

**ソチ大会 スキージャンプ男子 ラージヒル個人**

| 順位 | 選手(国) | | 飛距離(m) | 飛距離点 | 飛型点 | 風補正点 | 得点 | 順位 | 合計点 |
|---|---|---|---|---|---|---|---|---|---|
| 金 | カミル・ストフ(ポーランド) | 1回目 | 139.0 | 85.2 | 58.5 | -0.3 | 143.4 | 1位 | 278.7 |
| | | 2回目 | 132.5 | 73.5 | 56.0 | -1.8 | 135.3 | 4位 | |
| 銀 | 葛西紀明(日本) | 1回目 | 139.0 | 85.2 | 57.0 | -1.6 | 140.6 | 2位 | 277.4 |
| | | 2回目 | 133.5 | 75.3 | 55.5 | -1.6 | 136.8 | 3位 | |
| 銅 | ペテル・プレブツ(スロベニア) | 1回目 | 135.0 | 78.0 | 57.0 | -0.5 | 134.5 | 4位 | 274.8 |
| | | 2回目 | 131.0 | 70.8 | 55.5 | +6.4 | 140.3 | 1位 | |

そもそも葛西が「レジェンド」とよばれるようになったのは、ソチ大会の直前に開催《かいさい》されたワールドカップのときからです。1月のバート・ミッテルンドルフ大会で、葛西は10年ぶりに優勝《ゆうしょう》し、これがワールドカップ史上最年長優勝（41歳《さい》219日）となりました。すると、各国の選手、指導者《しどうしゃ》、マスコミが葛西をたたえ、敬意《けいい》をこめて「レジェンド」とよびはじめたのです。

## 銀メダルよりうれしい銅《どう》メダル

ラージヒルの銀メダルから2日後、2月17日に団体戦《だんたいせん》が行われました。

「ラージヒルで銀メダルをとったとき、3人とも自分のことのように喜んでくれました。それがうれしくて、つぎはみんなでいっしょにメダルをとりたいという気持ちが大きくなりました」

団体戦のオーダーは、1番手が清水、2番手が竹内、3番手は伊東、4番手が葛西です。1回めを飛びおえて、日本はドイツ、オーストリアについで3位につけました。

2回めもチームメイトは安定したジャンプをみせ、3位をキープして葛西の出番となりました。レジェンド葛西は134・0mの大ジャンプ。こうして、日本の銅《どう》メダルが確定《かくてい》したのです。

ふたたび、チームメイトがかけよってきてつくる歓喜《かんき》の輪の中で、葛西はボロボロと涙《なみだ》を流していました。個人《こじん》銀メダルを獲得《かくとく》したときでさえ、「涙は金メダルをとったときまで、とっておきます」とこたえた葛西がです。

「いやあ、うれしかったです。みんながんばったので、4人で力をあわせてメダルをとれたことがうれしかったし、とらせてあげたいと思っていたのでほんとうによかったです。礼留飛はずっとくやしい思いをしながら今回、団体《だんたい》のメンバーに選

**ソチ大会 スキージャンプ男子ラージヒル団体《だんたい》**

| 順位 | 国（選手） | | 1人目 | | 2人目 | | 3人目 | | 4人目 | | 合計点 |
|---|---|---|---|---|---|---|---|---|---|---|---|
| | | | 飛距離（m） | 得点 | 飛距離（m） | 得点 | 飛距離（m） | 得点 | 飛距離（m） | 得点 | |
| 金 | ドイツ（ワンク、クラウス、ベリンガー、フロイント） | 1回目 | 132.0 | 123.2 | 136.5 | 136.1 | 133.0 | 125.3 | 131.5 | 134.4 | 519.0 |
| | | 2回目 | 128.0 | 125.5 | 134.5 | 132.0 | 134.5 | 133.9 | 131.0 | 130.7 | 522.1 |
| 銀 | オーストリア（ハイベク、モルゲンシュテルン、ディートハルト、シュリーレンツァウアー） | 1回目 | 134.0 | 127.7 | 129.0 | 124.3 | 136.0 | 136.0 | 128.5 | 128.5 | 516.5 |
| | | 2回目 | 130.0 | 130.4 | 133.5 | 129.9 | 132.5 | 130.2 | 132.0 | 131.4 | 521.9 |
| 銅 | 日本（清水礼留飛、竹内択、伊東大貴、葛西紀明） | 1回目 | 132.5 | 127.8 | 127.0 | 117.9 | 130.5 | 130.3 | 134.0 | 131.5 | 507.5 |
| | | 2回目 | 131.5 | 132.6 | 130.0 | 120.5 | 132.0 | 127.0 | 134.0 | 137.3 | 517.4 |

ばれた。大貴はひざを痛めていた。択は病気なのにがんばった。メダルの色は関係ありません」

葛西はこの大会ふたつめのメダルを獲得《かくとく》したことで、世界最年長メダル獲得記録をさらに2日更《こう》新《しん》し、41歳《さい》256日としました。ふたつのメダルは、大会前に葛西がほしいと願った、金メダル以上に光《ひか》り輝《かがや》いていました。

冬季オリンピック最多出場、冬季オリンピック最年長スキージャンプメダリスト、ワールドカップ最年長スキージャンプ優勝《ゆうしょう》、ワールドカップ個人最多出場、世界選手権《せかいせんしゅけん》ジャンプ部門最多出場の5つのギネスブック記録を持つ葛西は、まさに「レジェンド」の名にふさわしい存在《そんざい》と言えるでしょう。

ソチ大会男子のラージヒル団体。日本のチームワークは完《かん》璧《ぺき》でした。左から清水、竹内　伊東、葛西の４選手です。

「金メダルをとって、そういう意味でも『レジェンド』とよばれたいと思っていたので、また目標ができました。2018年の平昌《ピョンチャン》オリンピックでの金メダルというつぎの目標にむかって、あきらめずに死にものぐるいでがんばりますよ」

## 日本ジャンプ陣《じん》のヒストリー

日本のジャンプ陣がはじめてオリンピックのメダルを獲得《かくとく》したのは、1972年の札幌《さっぽろ》大会です。70m級(現在《げんざい》のノーマルヒル)で笠谷幸生《かさやゆきお》が金、金野昭次《こんのあきつぐ》が銀、青地清二《あおちせいじ》が銅《どう》と表彰台《ひょうしょうだい》を独占《どくせん》し、「日の丸飛行隊」という言葉が生まれました。

1980年のレークプラシッド大会では、八木弘和《やぎひろかず》が70m級で銀メダルを獲得しました。

### 葛西紀明の冬季オリンピック連続出場

| 大会 | ノーマルヒル個人 | ラージヒル個人 | ラージヒル団体(選手名) |
|---|---|---|---|
| 1992年 アルベールビル | 31位 | 26位 | 4位(上原子次郎、原田雅彦、葛西紀明、須田健仁) |
| 1994年 リレハンメル | 5位 | 14位 | 銀(西方仁也、岡部孝信、葛西紀明、原田雅彦) |
| 1998年 長野 | 7位 | — | — |
| 2002年 ソルトレークシティ | 49位 | 41位 | — |
| 2006年 トリノ | 20位 | 12位 | 6位(伊東大貴、一戸剛、葛西紀明、岡部孝信) |
| 2010年 バンクーバー | 17位 | 8位 | 5位(伊東大貴、竹内択、栃本翔平、葛西紀明) |
| 2014年 ソチ | 8位 | 銀 | 銅(清水礼留飛、竹内択、伊東大貴、葛西紀明) |

—:出場せず

札幌大会から４か月後の１９７２年６月６日、北海道《ほっかいどう》上川《かみかわ》郡下川《しもかわ》町で生まれた葛西が、はじめてジャンプ台で飛んだのは小学校３年生の冬でした。ジャンプは用具にとてもお金がかかるのですが、母親が働きづめに働いて家計を支《ささ》えていました。電話も引けない、スーパーの支払《しはら》いもつけ払《ばら》いという貧《まず》しい暮《く》らしの中で、葛西のジャンプにかかる費用だけは出してくれたのです。

葛西は「お母さんのためにもメダルをとりたいと思った」といまは亡《な》き母親のことをふりかえります。

高校生のころから国際舞台《こくさいぶたい》で活躍《かつやく》していた葛西は、19歳《さい》のときのアルベールビル大会（１９９２年）でオリンピック初出場をはたしました。

「それまでは足をそろえて飛ぶのが美しいとされていたのに、Ｖ字ジャンプが登場してきて、日本チームもＶ字でいくことになりました。感覚のちがいにとまどいながら、なんとか間にあわせた感じでした」

葛西は、しだいに「カミカゼ・カサイ」とよばれるようになっていきます。

２度めのオリンピックとなった１９９４年のリレハンメル大会。団体戦《だんたいせん》（西方仁《にしかたじん》也《や》、岡部孝信《おかべたかのぶ》、葛西紀明、原田雅彦《はらだまさひこ》）の2回め、日本は葛西が飛びおえたところで逆転《ぎゃくてん》し首位に立ちました。あとは日本のエース、原田にまかせればだいじょうぶだ、だれもがそう思ったのですが、4人めの原田はまさかの失速ジャンプで2位に落ちてしまったのです。

１９９８年、葛西は長野大会のメンバーに選ばれてはいたのですが、調子が上がらず、団体戦のメンバー（岡部孝信、斎藤浩哉《さいとうひろや》、原田雅彦、船木和喜《ふなきかずよし》）からはずされてしまいました。ところが、長野ではこの団体が金メダルを獲得《かくとく》するのです。日本中が歓喜《かんき》のうずにつつまれる中、葛西はひとり、くやしさを味わいました。

長野大会男子スキージャンプラージヒル団体。日本チームはエースの船木が２本めに大飛行を見せ、優勝《ゆうしょう》が決まりました。

長野大会ではほかにもラージヒル個人《こじん》で船木が金、原田が銅《どう》、ノーマルヒル個人で船木が銀と、日本チームは4つのメダルを獲得《かくとく》しました。

その後、ソルトレークシティ大会、トリノ大会、バンクーバー大会と、葛西も日本ジャンプ陣《じん》も結果の出ない日々がつづきました。16年間メダリストは誕生《たんじょう》しませんでした。

しかし、数々の記録をうちたてて伝説をつくりつづける葛西にひっぱられるように、ソチ大会でついに日本ジャンプ陣が復活《ふっかつ》。ふたつのメダルを日本にもたらしたのです。

## スキージャンプ男子 日本のメダリストたち

| 大会 | 選手 | 種目 | 順位 |
|---|---|---|---|
| 1972年 札幌 | 笠谷幸生 | 70m級 | 金 |
| | 金野昭次 | 70m級 | 銀 |
| | 青地清二 | 70m級 | 銅 |
| 1980年 レークプラシッド | 八木弘和 | 70m級 | 銀 |
| 1994年 リレハンメル | 原田雅彦、葛西紀明、岡部孝信、西方仁也 | ラージヒル団体 | 銀 |
| 1998年 長野 | 岡部孝信、斎藤浩哉、原田雅彦、船木和喜 | ラージヒル団体 | 金 |
| | 船木和喜 | ラージヒル個人 | 金 |
| | 原田雅彦 | ラージヒル個人 | 銅 |
| | 船木和喜 | ノーマルヒル個人 | 銀 |
| 2014年 ソチ | 葛西紀明 | ラージヒル個人 | 銀 |
| | 清水礼留飛、竹内択、伊東大貴、葛西紀明 | ラージヒル団体 | 銅 |

女子では、髙梨沙羅《たかなしさら》がワールドカップで3度の総合優勝《そうごうゆうしょう》をはたしています。平昌《ピョンチャン》オリンピックでの活躍《かつやく》が楽しみです。

# 札幌《さっぽろ》と長野《ながの》、日本選手の躍進《やくしん》

## ●日本で開かれた冬季オリンピックの記録、記録、記録！

札幌大会
スキージャンプ70m級

| 順位 | 選手（国） | 1本目 | | 2本目 | | 合計点 |
|---|---|---|---|---|---|---|
| | | 飛距離(m) | 点 | 飛距離(m) | 点 | |
| 金 | 笠谷幸生（日本） | 84.0 | 126.6 | 79.0 | 117.6 | 244.2 |
| 銀 | 金野昭次（日本） | 82.5 | 120.2 | 79.0 | 114.6 | 234.8 |
| 銅 | 青地清二（日本） | 83.5 | 123.3 | 77.5 | 106.2 | 229.5 |
| 4位 | インゴルフ・モルク（ノルウェー） | 78.0 | 112.0 | 78.0 | 113.5 | 225.5 |
| 5位 | イジー・ラシュカ（チェコスロバキア） | 78.5 | 112.3 | 78.0 | 112.5 | 224.8 |
| 6位 | ボイチェフ・フォルトゥナ（ポーランド） | 82.0 | 115.4 | 76.5 | 106.6 | 222.0 |

日の丸飛行隊。左から金野昭次《こんのあきつぐ》（銀）、笠谷幸生《かさやゆきお》（金）、青地清二《あおちせいじ》（銅《どう》）。

1972年2月6日、青く晴れわたる札幌の空に、3本の日の丸が揚《あ》がり、『君が代』が流れました。日本ではじめて開催《かいさい》された冬季オリンピック札幌大会のスキージャンプ70m級で、日本は、金銀銅《どう》の3つのメダルを独占《どくせん》するという夢《ゆめ》のような結果を手にしたのです。

その中心にいたのが28歳《さい》の笠谷幸生《かさやゆきお》です。前2回のオリンピックではふるいませんでしたが、1970年の世界選手権《せかいせんしゅけん》70m級で銀メダル、翌年《よくねん》のプレオリンピック70m級で圧勝《あっしょう》すると、ぐっと注目度が高まり、さらに、1971年~1972年にドイツとオーストリアで開かれたスキージャンプ週間《しゅうかん》の4試合で3連勝して(4戦めは不参加)、外国の選手も「打倒《だとう》笠谷」を目標とするようになりました。

それまで、冬季オリンピックでの日本のメダルは、1956年のコルチナ・ダンペッツオ大会のスキー男子回転で、猪谷千春《いがやちはる》が獲得《かくとく》した銀メダルだけでした。「地元ではじめての冬季オリンピックだし、ふたつめのメダルを日本中が期待している。なんとかして、それにこたえなくてはならない」

笠谷は重圧《じゅうあつ》を力に変えて、ネコの動作を参考にした空気抵抗《ていこう》の少ない踏《ふ》みきり姿《し》勢《せい》と、世界一と言われた着地のテレマーク姿勢《しせい》にみがきをかけました。

そしてむかえた札幌オリンピックです。70m級の会場、宮《みや》の森《もり》ジャンプ競技場《きょうぎじょう》は晴天にめぐまれ、わずかに風がふく絶好《ぜっこう》のジャンプ日和《びより》でした。2万5000人もの観客がつめかけました。

1回め、青地《あおち》清二《せいじ》、金野《こんの》昭次《あきつぐ》の日本選手が上位を独占《どくせん》した後、エースの笠谷が84mの最長《さいちょう》不倒《ふとう》距《きょ》離《り》を飛んでトップに立ちます。そして2回めも金野と青地がメダルを決めたのにつづいて、笠谷が飛ぶ番になりました。

スタートゲートを深い前傾《ぜんけい》姿勢で勢《いきお》いよく飛びだす笠谷。日本中のファンがテレビの前でかたずをのんで見守ります。実況《じっきょう》アナウンサーも興奮《こうふん》を隠《かく》せません。

「さあ笠谷、金メダルへのジャンプ！　飛んだ！　決まった！　みごとなジャンプ！」

スキージャンプ70m級の笠谷。

笠谷は79mを飛んで首位を守り、金メダルをつかんだのです。

日本の3選手によるメダル独占《どくせん》です。以後、日本のジャンプ陣《じん》は「日の丸飛行隊」とよばれるようになりました。

札幌大会での日本のメダルはこの3個《こ》だけでしたが、ほかにも、2人乗りリュージュで荒井理《あらいさとる》、小林政敏《こばやしまさとし》ペアが4位入賞。ノルディック複合《ふくごう》では勝呂裕司《かつろゆうじ》が5位入賞。リュージュ女子1人乗りで大高優子《おおたかゆうこ》が5位に入賞しました。

海外の選手ではソ連のガリナ・クラコワがクロスカントリースキー女子の5km、10km、3×5kmリレーで、オランダのアルト・シェンクがスピードスケート男子1500m、5000m、1万mで、3つの金メダルを手にしました。

## 小さな巨人《きょじん》、清水宏保《しみずひろやす》

札幌からおよそ四半世紀をへて、冬のスポーツの祭典が日本にもどってきました。1998年の長野大会です。札幌大会は35の国と地域《ちいき》から1006人が参加して、6競技《きょうぎ》35種目が行われました。長野大会の参加者は、72の国と地域《ちいき》から2176人と2倍以上の規模《きぼ》となり、7競技68種目で熱戦がくり広げられました。

日本の出場選手は166人。札幌の90人とくらべると大幅《おおはば》にふえましたが、もっとも金メダルの期待が寄《よ》せられたのが、開会式で旗手をつとめたスピードスケートの清水宏保です。1993年のワールドカップに18歳《さい》で初出場し、500mでいきなり優勝《ゆうしょう》して以来世界のトップ選手として活躍《かつやく》しつづけてきました。身長162cmと小柄《こがら》ですが、はげしいトレーニングで瞬発《しゅんぱつ》力《りょく》と持続力をきたえ、世界中のファンから「小さな巨《きょ》人《じん》」とよばれるほどになりました。

北海道の帯広《おびひろ》で、4人きょうだいの末っ子として生まれた清水には、子どものころから気管支《きかんし》ぜんそくの持病がありました。父親の指導《しどう》で3歳《さい》からスケートを

スピードスケート
男子500mの清水。

始めたのも、病気に打ち勝つためでした。

「おまえは体が小さいのだから、人なみの練習では強くなれない。人の何倍も練習しなければだめだ」

そう言ってきびしく育てた父親でしたが、長年ガンと闘《たたか》った末、清水が高校2年生のときに亡《な》くなります。清水はその無念を胸《むね》に一流のアスリートに育ち、長野大会の前には、35秒39という500mの世界記録保持者《ほじしゃ》になっていました。

## 日本人初の金メダル

2月9日、いよいよ決戦のときをむかえます。じつは、この大会からスピードスケート500mのルールが改められていました。レースはふたりですべりますが、インスタートよりアウトスタートのほうがタイムが出にくいので、2日間に分けてインとアウトを両方すべり、その合計タイムで順位を決めることになったのです。

「緊張《きんちょう》していて、あまりよく眠《ねむ》れず、目覚ましが鳴る前に起きていました」

それが1日めの朝のことです。その日の最終組をすべった清水は実力を出しきり、オリンピック新記録でトップに立ちました。会場のエムウエーブいっぱいの観客から、大声援《だいせいえん》がおくられます。しかし、清水の顔に笑みはありませんでした。

「1日めの結果では喜んでいられない。2日めで転んだりしたら終わりだから。ここで気をゆるめてはいけない」

そう自分に言いきかせました。これまで、何人もの日本選手がスピードスケートの金メダルに挑戦《ちょうせん》してきましたが、まだだれも手が届《とど》いていなかったからです。

むかえた2日め。最終組のひとつ前をすべった最大のライバル、ジェレミー・ウォザースプーン（カナダ）が好タイムを出しました。しかし、清水はまったく気をとられることなく、集中力を高めます。そして最終組、自分の番がやってきました。名前がよばれると、前日を上回る大きな声援が会場内にひびきますが、耳に入っていないかのような落ちつきぶりです。

**長野大会 スピードスケート男子500m**

| 順位 | 選手（国） | 1回目 | 2回目 | 合計 | |
|---|---|---|---|---|---|
| 金 | 清水宏保（日本） | 35秒76 | 35秒59 | 1分11秒35 | 五輪新 |
| 銀 | ジェレミー・ウォザースプーン（カナダ） | 36秒04 | 35秒80 | 1分11秒84 | |
| 銅 | ケビン・オーバーランド（カナダ） | 35秒78 | 36秒08 | 1分11秒86 | |

号砲《ごうほう》と同時に得意のロケットスタートが決まり、ぐっと加速します。

コーナーもうまく回って、勢《いきお》いを弱めることなくゴール！　タイムは35秒59。ふたたびオリンピック記録を更新《こうしん》して、堂々の金メダルです。両手をつきあげ、さけびました。

「やったぞ！」

スタンドで観戦していた母親が、ハンカチを目にあて、体をふるわせています。表彰式《ひょうしょうしき》が終わり、マスコミの取材の輪から解放《かいほう》された清水は、観客席をはなれようとしていた母親のところにかけつけました。

### 冬季オリンピックスピードスケート 日本のメダリストたち

| | 大会 | 選手 | 種目 | 順位 |
|---|---|---|---|---|
| 男子 | 1984年 サラエボ | 北沢欣浩 | 500m | 銀 |
| | 1988年 カルガリー | 黒岩彰 | 500m | 銅 |
| | 1992年 アルベールビル | 宮部行範 | 1000m | 銅 |
| | | 黒岩敏幸 | 500m | 銀 |
| | | 井上純一 | 500m | 銅 |
| | 1996年 リレハンメル | 堀井学 | 500m | 銅 |
| | 1998年 長野 | 清水宏保 | 500m | 金 |
| | | | 1000m | 銅 |
| | 2002年 ソルトレークシティー | 清水宏保 | 500m | 銀 |
| | 2010年 バンクーバー | 長島圭一郎 | 500m | 銀 |
| | | 加藤条治 | 500m | 銅 |
| 女子 | 1992年 アルベールビル | 橋本聖子 | 1500m | 銅 |
| | 1996年 リレハンメル | 山本宏美 | 5000m | 銅 |
| | 1998年 長野 | 岡崎朋美 | 500m | 銅 |
| | 2010年 バンクーバー | 小平奈緒、田畑真紀、穂積雅子 | 団体追い抜き | 銀 |

「これは母さんのものだから」

そう言って、もらったばかりの金メダルを母親の首にかけたのです。清水は1000mでも銅《どう》メダルを獲得《かくとく》しました。

ほかにも、長野大会のスピードスケートでは、女子500mの岡崎朋美《おかざきともみ》が、2度めのオリンピックで銅メダルに輝《かがや》いています。

## 長野大会のヒーローたち

長野大会で、日本は5つの金メダルを獲得《かくとく》しました。スピードスケートショートトラック男子500mは19歳《さい》の西谷岳文《にしたにたかふみ》が優勝《ゆうしょう》しました。大阪《おおさか》出身でスタートダッシュの速さから「浪速《なにわ》の弾丸《だんがん》」と言われ、冬季オリンピックでは日本

**長野大会 日本のメダリストたち**

| 順位 | 選手 | 種目 |
|---|---|---|
| 金 | 岡部孝信、斎藤浩哉<br>原田雅彦、船木和喜 | スキージャンプ・ラージヒル団体 |
| | 船木和喜 | スキージャンプ・ラージヒル個人 |
| | 里谷多英 | スキーモーグル女子 |
| | 清水宏保 | スピードスケート男子500m |
| | 西谷岳文 | スピードスケートショートトラック男子500m |
| 銀 | 船木和喜 | スキージャンプ・ノーマルヒル個人 |
| 銅 | 原田雅彦 | スキージャンプ・ラージヒル個人 |
| | 清水宏保 | スピードスケート男子1000m |
| | 岡崎朋美 | スピードスケート女子500m |
| | 植松仁 | スピードスケートショートトラック男子500m |

人初の10代メダリストでした。

　スキーフリースタイルの女子モーグルは、里谷《さとや》多英《たえ》が優勝《ゆうしょう》しました。日本の女子選手として冬季オリンピック史上初の金メダルです。

　同じ種目に出場した18歳《さい》の上村愛子《うえむらあいこ》は、7位に入賞しました。上村は、計5回のオリンピックに出場して、7位、6位、5位、4位、4位となり5大会連続入賞という記録をうちたてました。メダルには手が届《とど》きませんでしたが、5大会連続入賞は柔道《じゅうどう》女子の谷亮子《たにりょうこ》とならぶ最多記録です。

　長野大会の後半戦をもりあげたのが、スキーのジャンプ陣《じん》です。ラージヒル団体《だんたい》の金メダルなど、金2、銀1、銅《どう》1を獲得《かくとく》し、日本中に感動を与《あた》えました（140ページ）。

里谷はソルトレークシティ大会でも銅メダルを獲得《かくとく》しました。

上村は、4大会連続出場記録を持つアルペンスキーの皆川賢太郎《みながわけんたろう》と2009年に結婚《けっこん》。

# ドーピングで幻《まぼろし》になった記録

## ●なぜアスリートはドーピングをするのか？

ドーピングとは、アスリートが運動能力《のうりょく》を高めるために、禁止《きんし》されている薬物を使うことです。たとえ0・01秒でも、記録をのばすためには、途方《とほう》もないトレーニングをしなければなりませんが、ドーピングを行えば飛躍的《ひやくてき》に記録を向上させることができます。アスリートたちの記録へのあくなき欲求《よっきゅう》、国やスポンサー企業《きぎょう》がアスリートにかける過剰《かじょう》なプレッシャーが、ドーピングに手を染《そ》めさせるのです。

ドーピングは健康な肉体をむしばむだけでなく、ときには命さえもあやうくします。そのため1968年のグルノーブル大会とメキシコシティー大会から、禁止薬物を決め、試合の後にはかならず尿検査《にょうけんさ》をして薬物を使っていないかどうか調べるようになりました。2000年のシドニー大会からは血液検査《けつえきけんさ》も行われています。

ドーピングはどのように行われるのでしょうか。

## ドーピングで失格《しっかく》となった金メダリストたち

| 大会 | 選手（国） | 種目 | 記録 |
|---|---|---|---|
| 1972年<br>ミュンヘン | リック・デモン<br>（アメリカ） | 競泳400m<br>自由形 | 4分00秒03 |
| 1988年<br>ソウル | ベン・ジョンソン<br>（カナダ） | 陸上男子100m | 9秒79 世界新 |
| 2000年<br>シドニー | マリオン・ジョーンズ<br>（アメリカ） | 陸上女子100m | 10秒75 |
| | | 陸上女子200m | 21秒84 |
| | | 陸上女子<br>4×400mリレー | 3分22秒62 |
| 2004年<br>アテネ | アドリアン・アヌシュ<br>（ハンガリー） | 陸上男子<br>ハンマー投げ | 83m19 |
| | ユーリー・ビロノグ<br>（ウクライナ） | 陸上男子<br>砲丸投げ | 21m16 |
| | イリーナ・コルジャネンコ<br>（ロシア） | 陸上女子<br>砲丸投げ | 21m06 |
| 2012年<br>ロンドン | アスリ・チャクル・アルプテキン（トルコ） | 陸上女子<br>1500m | 4分10秒23 |
| | ナドゼヤ・オスタプチュク<br>（ベラルーシ） | 陸上女子<br>砲丸投げ | 21m36 |

アメリカのマリオン・ジョーンズは、シドニー大会の陸上100m、200m、4×400mリレーで金、走《はし》り幅跳《はばと》びと4×100mリレーで銅《どう》と、計5つのメダルを手にしました。しかしのちに栄養補助《ほじょ》食品会社から提供《ていきょう》された禁止《きんし》薬物を服用していたことが発覚して、すべてのメダルを返上しました。

薬物には筋肉《きんにく》を増強《ぞうきょう》させるもの、赤血球をふやして持久力《じきゅうりょく》を高めるものなどいろいろな種類がありますが、いつまで薬物を使ってトレーニングし試合の何日前に薬物をやめるか、綿密《めんみつ》に計画を立てます。体内に薬物の痕跡《こんせき》がなくなったころに試合をむかえられるようにするためです。また、まだ禁止《きんし》薬物に指定されていない効果《こうか》の高い薬物も、つねにさがし求められています。

自分の血液《けつえき》を注射《ちゅうしゃ》する方法もあります。血液を抜《ぬ》いて保存《ほぞん》しておき、試合前に注射すると、赤血球が増加《ぞうか》して持久力が高まることがわかっているからです。自分の血液を使うので、検査《けんさ》で見つかりにくいドーピングと言われています。

市販《しはん》の風邪薬《かぜぐすり》や、医師《いし》に処方《しょほう》された薬がドーピング検査にひっかかってしまうこともあるので、アスリートは薬を飲むことにはとても慎重《しんちょう》です。

## 尿《にょう》検査だけではない

ドーピング検査は、オリンピックの大会中は、試合のたびに行われます。検査員とトイレに行き、目の前でおよそ90 mlの尿を採取《さいしゅ》します。アテネ大会の男子ハンマー投げで1位だったアドリアン・アヌシュ（ハンガリー）は、ドーピングをしていない人から尿《にょう》をもらって肛門《こうもん》から直腸《ちょくちょう》に挿入《そうにゅう》し検査《けんさ》時《じ》に排出《はいしゅつ》するという、驚《おどろ》きの方法で検査をパスしようとしました。しかし、不正がばれて失格《しっかく》となりました（84ページ）。また、尿検査だけでは不十分ということで、血液《けつえき》も採取《さいしゅ》することがふえています。

有力選手に関しては、抜《ぬ》きうち検査も実施《じっし》されています。事前に自分の住所や、練習場所、一日のスケジュールを各国のアンチ・ドーピング機構《きこう》に提出《ていしゅつ》する義務《ぎむ》が課せられています。抜きうち検査のときに不在にしているだけでも、不正をしていると判断《はんだん》され、ドーピング違反《いはん》になることがあります。日本でも、テニスの有力選手の自宅《じたく》に、深夜抜きうちで検査員が押《お》しかけ、警察《けいさつ》が出動するさわぎになったことがありました。

ドーピング行為《こうい》追放のため、今日も明日も、戦いはつづきます。

1988年ソウル大会の陸上男子100m、カナダのベン・ジョンソンは９秒79の世界新記録で優勝《ゆうしょう》しました。しかしレース後の検査で、筋肉増強剤《きんにくぞうきょうざい》を使っていたことがわかり、金メダルは２位に入ったアメリカのカール・ルイスのものとなりました。

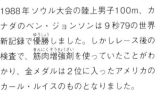

なるほどコラム

# オリンピックびっくり記録集 3

日本選手がオリンピックの戦いの中で記録してきた「はじめて」を集めました。

## はじめてオリンピックに参加した日本人

| 季 | 選手 | 種目 | 大会 |
|---|---|---|---|
| 夏季 | 三島弥彦 | 陸上男子100m、200m、400m | 1912年 ストックホルム |
| | 金栗四三 | マラソン | |
| 冬季 | 永田実、高橋昂、竹節作太、矢沢武雄、伴素彦、麻生武治 | クロスカントリースキー、ジャンプ複合など | 1928年 サンモリッツ |

写真は1912年ストックホルムの入場式です。プラカードは「NIPPON」です。つぎのアントワープ大会から「JAPAN」になりました。

## はじめて日本人がとった金メダル

| 季 | 選手 | 種目 | 大会 |
|---|---|---|---|
| 夏季 | 織田幹雄 | 陸上男子三段跳び | 1928年 アムステルダム |
| 冬季 | 笠谷幸生 | スキージャンプ70m級 | 1972年 札幌大会 |

アムステルダム大会の陸上競技場《りくじょうきょうぎじょう》には日の丸の用意がありませんでした。そのため表彰式《ひょうしょうしき》では、織田《おだ》が持っていた巨大《きょだい》な日章旗をかかげました。

## はじめての日本開催《かいさい》!?

| 季 | 大会 |
|---|---|
| 夏季 | 1940年 東京大会 |
| 冬季 | 1940年 札幌大会 |

1940年に東京《とうきょう》と札幌《さっぽろ》でオリンピックが開かれる予定でしたが、戦争で中止になりました。写真は幻《まぼろし》になったポスター案を発表している様子。

## はじめて夏季パラリンピックが同じ都市で2度開催される

| 季 | 大会 |
|---|---|
| 夏季 | 1964年、2020年 東京大会 |

1964年に第2回パラリンピックが東京で開催され、21か国から375名が参加しました。2020年にはふたたび東京で開催されますが、同じ都市で夏季パラリンピックが2度開催されるのは史上初です。写真は第2回東京大会の開会式。

# 第４章 パラリンピック

１９４８年、イギリスのストーク・マンデビル病院で、
戦争で負傷《ふしょう》した兵士のリハビリとして行われた
車いすアーチェリーの大会が、
パラリンピックの原点と言われています。
オリンピックを超《こ》える記録を出す選手も現《あらわ》れ
急速に発展《はってん》するパラリンピックは、
バリアフリーの未来を切り開いていきます。

# ライバルに勝って連覇達成《れんぱたっせい》！国枝慎吾《くにえだしんご》インタビュー

## ●「つらいことほど、やりとげたときの喜びが大きい」

ぜったい金をとる！　Ｖ２をめざした北京《ペキン》大会で。

車いすテニスは１９７７年にアメリカではじめて大会が行われ、１９９２年のバルセロナ大会からパラリンピックの正式競技《きょうぎ》となりました。いまや障害者《しょうがいしゃ》スポーツの枠《わく》をこえた人気スポーツとなって、プロのプレーヤーが世界を転戦していますが、この世界で最強の王者として君臨《くんりん》するのが国枝慎吾です。

国枝はいったいどんな少年時代を過《す》ごしたのでしょうか。

「スポーツは得意で、小さなころは野球チームに

## 国枝慎吾のパラリンピックとグランドスラム

| パラリンピック | | | グランドスラム（シングルス） | | | |
|---|---|---|---|---|---|---|
| 大会 | シングルス | ダブルス | 年 | 全豪オープン | 全仏オープン | 全米オープン |
| 2004年 アテネ | ベスト8 | 金 | | | | |
| | | | 2006年 | ベスト8 | ※ | ※ |
| | | | 2007年 | 優勝 | ※ | ※ |
| 2008年 北京 | 金 | 銅 | 2008年 | 優勝 | ※ | ※ |
| | | | 2009年 | 優勝 | 優勝 | 優勝 |
| | | | 2010年 | 優勝 | 優勝 | 優勝 |
| | | | 2011年 | 優勝 | ベスト4 | 優勝 |
| 2012年 ロンドン | 金 | ベスト8 | 2012年 | 不参加 | 準優勝 | 開催なし |
| | | | 2013年 | 優勝 | 準優勝 | 準優勝 |
| | | | 2014年 | 優勝 | 優勝 | 優勝 |
| | | | 2015年 | 優勝 | 優勝 | 優勝 |

車いすテニスのシングルスで「グランドスラム」とは、全豪《ぜんごう》オープン、全仏オープン、全米オープンの3大会すべてを優勝《ゆうしょう》することをいいます。ただし、2008年までは、全豪オープン、ジャパンオープン、全英オープン、USTA 全米選手権《せんしゅけん》の4大会が対象でした。
※当時はグランドスラム対象外だった大会。

入っていました。当時から負けずぎらいで、努力をおしまないタイプでしたね」

しかし、9歳《さい》で転機が訪《おとず》れます。

「ある朝、起きると腰《こし》に痛《いた》みを感じました。接骨院《せっこついん》にもかかりましたが、まったくよくならず、病院で検査《けんさ》をしたら脊髄《せきずい》に腫瘍《しゅよう》が見つかったのです。翌日《よくじつ》、すぐに手術《しゅじゅつ》を受けました。

半年間の入院生活の後、小学校にもどりました。階段《かいだん》の上り降《お》りなど、人の助けが必要な場面ではもどかしい思いもしましたが、放課後は、近所の空き地で毎日友だちとバスケットボールをして遊んでいました。友だちにはバスケ部の部員もいましたが、車いすのぼくも同じルールでプレーするんです。中学を卒業するまで、雨の日以外はバスケットをしていましたね（笑）。だから、車いすになって悲しんだことはそれほどありませんでした」

そんな国枝とテニスとの出会いは小学6年生のとき。

「母がすすめてくれたのですが、正直あまり乗り気ではなかった。ところが、実際《じっさい》のプレーを見てみると予想以上に本格《ほんかく》的《てき》なスポーツで、これならやってみたいと思いました」

## 「金メダル以外は負け」

高校生になると、週に3〜5日、テニスの練習に打ちこむようになり、めきめきと実力をつけていきます。

「17歳《さい》で、現在《げんざい》も指導《しどう》していただいている丸山弘道《まるやまひろみち》コーチと出会いました。だんだん、海外の大きな大会にも参加する

**アテネ大会 シングルスの戦い**

| 試合 | スコア | 対戦相手（国） |
|---|---|---|
| 1回戦 | ○(6−0、6−0) | ヤシン・オナジー(イタリア) |
| 2回戦 | ○(6−0、6−2) | ファビアン・マッツェイ(イタリア) |
| 3回戦 | ○(6−3、4−6、6−3) | ペーター・ヴィクストロム(スウェーデン) |
| 準々決勝 | ●(2−6、6−0、4−6) | デビッド・ホール(オーストラリア) |

ようになりましたが、それにはお金がかかります。その費用を家族に負担《ふたん》してもらうのが申しわけなかったので、20歳《はたち》で2004年にパラリンピックアテネ大会に初出場したときには、大会後に引退《いんたい》しようと考えていました。そのころは世界ランキングが8位に上がっていたので、『金メダル以外は負け』という気持ちでのぞんだのです」

結果は、ダブルスで金メダル、シングルスではベスト8という成績《せいせき》でした。

「アテネで金メダルをとったことで、競技《きょうぎ》をつづける道が開けました。母校の麗澤大学《れいたくだいがく》に職員《しょくいん》として在籍《ざいせき》しながら、テニスの練習ができることになったんです」

しかし、国枝の心の中には、アテネ大会のシングルスでメダルをとれなかったくやしさがうずまいていました。

つぎの北京《ペキン》大会のシングルスで、金メダルを勝ちとる！

### アテネ大会 ダブルスの戦い

| 試合 | スコア | 対戦相手（国） |
|---|---|---|
| 2回戦 | ○(6－0、6－0) | アルビン・バティツキ、イェジ・クーリック(ポーランド) |
| 準々決勝 | ○(6－1、6－1) | サイモン・ハット、ジャヤント・ミストリー(イギリス) |
| 準決勝 | ○(4－6、6－4、7－6) | アンソニー・ボナックルソ、デビッド・ホール(オーストラリア) |
| 決勝 | ○(6－1、6－2) | ミカエル・ジェレミアス、ラーセン・マジュディー(フランス) |

パートナーは斎田悟司《さいださとし》。国枝・斎田ペアは第1シードだったため、2回戦から出場しました。

国枝のさらなる挑戦《ちょうせん》が始まったのです。

「ナンバーワンになるためにはサーブやボレー、フォアハンド、すべてのショットをレベルアップする必要がありました。中でもバックハンドは一日1000回素振《すぶ》りをしてフォームを固めました。半年間は試合に出ず、練習に集中したんです」

技術面《ぎじゅつめん》だけではなく、精神面《せいしんめん》の強化も行いました。

「2006年1月に、オーストラリア人のメンタルトレーナー、アン・クインさんのもとでトレーニングを始めました。『おれは最強だ！』という言葉を書いたシールをラケットのグリップにはったり、試合前、鏡の中の自分を見つめて言い聞かせたり……。すると4か月後、グランドスラムの大会で初優勝《はつゆうしょう》できたんです。はじめて世界ランキング1位になったのもこの年でした」

## 北京大会のプレッシャー

2007年、国枝は圧倒的《あっとうてき》な強さを見せます。車いすテニス男子シングルスのグランドスラムの大会ですべて優勝し、車いすテニス史上初の「年間グランドスラム」も達成しました。

２００８年の北京大会を目前に、国枝の気持ちは高まっていました。しかし、大会１か月前に溶連菌感染症《ようれんきんかんせんしょう》にかかってしまいます。のどがはれ高熱がつづいたため、国枝は出発の１週間前までねこんでしまったのでした。

不安をかかえながらも、国枝はシングルス決勝へ勝ち進み、アテネ大会の金メダリスト、ロビン・アマラーン（オランダ）と対戦しました。みごと勝利をおさめた国枝は、思わずラケットから手をはなし、両手で顔をおおいました。

「自分もふくめ、ほとんどの人が『国枝が勝つだろう』と思っていました。そういう環境《かんきょう》のなかでプレーするプレッシャーは、想像《そうぞう》以上のものでしたね。グランドスラムは自分にとっては通過点《つうかてん》で、パラリンピックのシング

**北京大会 シングルスの戦い**

| 試合 | スコア | 対戦相手（国） |
| --- | --- | --- |
| １回戦 | ◯（6－1、6－0） | アレクサンダー・ジューイット（イギリス） |
| ２回戦 | ◯（6－2、6－1） | エリック・サーマン（オランダ） |
| ３回戦 | ◯（6－1、6－1） | ジョン・リュードベリ（アメリカ） |
| 準々決勝 | ◯（6－0、6－1） | ステファン・オルソン（スウェーデン） |
| 準決勝 | ◯（6－1、6－1） | マイケル・シェファーズ（オランダ） |
| 決勝 | ◯（6－3、6－0） | ロビン・アマラーン（オランダ） |

国枝は、ダブルスでも銅《どう》メダルを獲得《かくとく》しました。パートナーは、アテネ大会につづいて斎田悟司でした。

ルスで優勝《ゆうしょう》してこそ真のチャンピオンになれると思っていたので、優勝した瞬間《しゅんかん》は、これまでに感じてきた喜びとは別格《べっかく》のうれしさでした。

北京大会後は、大学の職員《しょくいん》をやめてプロの車いすテニス選手になりました。プロは競技《きょうぎ》の収入《しゅうにゅう》だけで生活しなくてはいけない。障害者《しょうがいしゃ》スポーツでは、まだまだプロの選手は少ないので、少しでも道を切り開きたいと思ったんです」

このころの国枝は2007年から勝利を積み重ね、いつしか連勝記録も100を超《こ》えていましたが、連勝のかげで、右ひじの痛《いた》みになやまされていました。

ロンドン大会まで1年を切った2011年秋、国枝は、本格的《ほんかくてき》なひじの治療《ちりょう》を決意します。

「3か月間、コートでの練習をやめて、筋力《きんりょく》をきたえるトレーニングに集中しました。しかし、ひじの痛みはよくなりません。ロンドン大会まで残された時間を考えるとぎりぎりの選択《せんたく》でしたが、2012年の2月に手術《しゅじゅつ》を受けることにしました」

長い間コートをはなれたことを心配する声もありましたが、治療期間中の筋力トレーニングの結果、国枝はよりパワフルでスピードのあるプレーができるようになっていました。

## ロンドン、リオ、そして東京《とうきょう》へ

２０１２年9月のロンドン大会。国枝はけがの影響《えいきょう》を感じさせないプレーを見せ、シングルス決勝に進出しました。対戦相手は、２０１０年に国枝の連勝記録を１０７で止めた、フランスのステファン・ウデです。ウデは、障害者《しょうがいしゃ》ゴルフでフランス国内選手権《せんしゅけん》を6連覇《れんぱ》した後、車いすテニスに転向した選手で、パワフルなサーブとショットが持ち味です。

試合は、第1セットから目がはなせない展開《てんかい》となりました。ウデは、力強いショットで、国枝をコートの外へ、外へと押《お》し出します。しかし、国枝も負けてはいません。すばやい車いすさばきでボールに追いつき、ポイントを決めます。ときには10往復《おうふく》もつづく激《はげ》しいラリーもありましたが、第1セットは、国枝が6－4で競《せ》り勝ちました。

そして第2セット。第1セットはサーブが好調だったウデですが、ミスが目立ち始めました。一方の国枝は、集中力をきらすことなくプレーをつづけました。その結果、6－2で第2セットをうばい、みごと勝利！　北京大会につづく金メダルを獲得《かくとく》しました。車いすテニスの男子シングルスでのパラリンピック連覇《れんぱ》は、史上初の偉業《いぎょう》です。

「ウデは、彼《かれ》にだったら負けても悔《く》いはないと思えるほど尊敬《そんけい》している存在《そんざい》です。あの日はおたがいに最高の状態《じょうたい》でプレーができました。結果的には2－0のストレートで勝つことができましたが、試合の流れを左右する重要なポイントが、何度もやってきました。パラリンピックの試合ということもあって、とてつもないプレッシャーのなかで戦っていたはずなんですが、テニスって楽しいと感じられたのはおどろきでした」

### ロンドン大会 シングルスの戦い

| 試合 | スコア | 対戦相手（国） |
|---|---|---|
| 1回戦 | ○(6－0、6－0) | ラファエル・メディロス(ブラジル) |
| 2回戦 | ○(6－0、6－0) | ニャシャ・マハラクラ(ジンバブエ) |
| 3回戦 | ○(6－0、6－2) | デビッド・フィリップソン(イギリス) |
| 準々決勝 | ○(6－0、6－2) | ミカエル・ジェレミアス(フランス) |
| 準決勝 | ○(6－2、6－2) | ロナルト・ヴィンク(オランダ) |
| 決勝 | ○(6－4、6－2) | ステファン・ウデ(フランス) |

国枝は、この大会でも斎田悟司をパートナーにダブルスに出場。しかし、メダル獲得はかないませんでした。

パラリンピックは、準備《じゅんび》期間がどの大会より長く、体も心も照準《しょうじゅん》を合わせるのが難《むずか》しい大会です。国枝も、32歳《さい》でむかえる2016年のリオデジャネイロ大会後、引退《いんたい》しようと考えていたといいます。

「2020年のパラリンピックの東京開催《かいさい》が決まった瞬間《しゅんかん》、『出たい！』と思いました。大会に向けた調整は、つらいこともあります。でも、母国開催のパラリンピックで、大勢《おおぜい》のみなさんの前でプレーする自分のすがたを想像《そうぞう》すると、挑戦《ちょうせん》したい気持ちが高まってくるんです。つらいことほど、やりとげたときの喜びが大きいことを、ぼくは知っているんですよ」

ロンドン大会の表彰式《ひょうしょうしき》で。左から銅《どう》メダルのヴィンク（オランダ、36歳）、金メダルの国枝（日本、28歳）、銀メダルのウデ（フランス、41歳）。

# 夏も冬も女子選手が大活躍《だいかつやく》！

日本はパラリンピックで、ソチ大会までに129個《こ》の金メダルを獲得《かくとく》しています。ここでは、パラリンピックで活躍した名選手を紹介《しょうかい》しましょう。

成田真由美《なりたまゆみ》は、これまでに金15、銀3、銅《どう》2、合計20個のメダルを獲得した選手です。中学生のときに病気で下半身麻痺《かはんしんまひ》になり、23歳《さい》から水泳を開始。1か月後には身体障《しんたいしょう》がい者水泳大会《しゃすいえいたいかい》の自由形2種目で大会新記録を出して優勝《ゆうしょう》しましたが、大会の帰りに交通事故《こうつうじこ》にあい、頸椎《けいつい》を損傷《そんしょう》し、両手にも麻痺が残りました。しかし、その後も現役《げんえき》をつづけ、パラリンピックで輝《かがや》かしい成績《せいせき》を残しています。

大日方邦子《おびなたくにこ》は、冬季大会で日本人初の金メダリス

### 夏季パラリンピック 日本のメダルコレクターたち

| 順位 | 選手 | 種目 | 金 | 銀 | 銅 | 合計 |
|---|---|---|---|---|---|---|
| 1位 | 成田真由美 | 水泳自由形、背泳ぎ | 15 | 3 | 2 | 20 |
| 2位 | 河合純一 | 水泳自由形、背泳ぎ | 5 | 9 | 7 | 21 |
| 3位 | 尾崎峰穂 | 陸上やり投げ、三段跳び | 5 | 1 | 5 | 11 |
| 4位 | 高田稔浩 | 陸上5000m、マラソン | 3 | 2 | 2 | 7 |
| 5位 | 延元博美 | 陸上100m、やり投げ、走り幅跳び | 3 | 2 | 0 | 5 |

種目欄《しゅもくらん》に列記したのは各選手の代表的な種目です。各選手の戦いぶりは巻末《かんまつ》特集（186〜190ページ）もチェックしてください。

大日方は長野《ながの》大会滑降《かっこう》の金メダルをはじめ、10個のメダルを獲得しました。これは冬季大会での日本人選手の最多記録です。

成田はアテネ大会だけで金メダルを7個獲得しました。2008年に引退《いんたい》を表明しましたが、2015年45歳で選手に復帰《ふっき》しました。

トとなった選手です。3歳《さい》のとき交通事故《こうつうじこ》で右足を切断《せつだん》し、左足にも重い障害《しょうがい》が残りました。もともと水泳選手をめざしていましたが、高校2年でチェアスキーに出会うと才能《さいのう》を発揮《はっき》。リレハンメル大会からバンクーバー大会まで5大会連続で出場し、合計10個《こ》のメダルを獲得《かくとく》しました。

土田和歌子《つちだわかこ》は、夏季・冬季両大会で金メダルを獲得した、日本でただ1人の選手です。交通事故で、高校2年から車いす生活になり、19歳でアイススレッジスピードレースを始めました。長野大会で念願《ねんがん》のメダルを金、銀2個ずつ獲得。さらにシドニー大会のマラソンで銅《どう》メダル、アテネ大会の5000mで金メダル、マラソンで銀メダルを獲得しました。

女子選手たちの偉業《いぎょう》に拍手《はくしゅ》を送りたいですね！

### 冬季パラリンピック 日本のメダルコレクターたち

| 順位 | 選手 | 種目 | 金 | 銀 | 銅 | 合計 |
|---|---|---|---|---|---|---|
| 1位 | 松江美季 | アイススレッジスピードレース | 3 | 1 | 0 | 4 |
| 1位 | 武田豊 | アイススレッジスピードレース | 3 | 1 | 0 | 4 |
| 3位 | 狩野亮 | アルペンスキー滑降、スーパー大回転 | 3 | 0 | 1 | 4 |
| 4位 | 大日方邦子 | アルペンスキー滑降、大回転 | 2 | 3 | 5 | 10 |
| 5位 | 土田和歌子 | アイススレッジスピードレース | 2 | 2 | 0 | 4 |

1998年長野大会アイススレッジスピードレースの土田(右)。6年後のアテネ大会でもマラソンで銀メダルに輝《かがや》く(左)など、夏冬通算で7個のメダルを獲得しました。

# オリンピックをこえるパラリンピックの記録

## ●42・195㎞を1時間20分14秒で走る車いすマラソン

たくましくもりあがった筋肉《きんにく》から生まれるスピードとパワー。第《だい》二次《じ》世《せ》界《かい》大《たい》戦《せん》で脊髄《せきずい》にけがを負った兵士のリハビリテーションから始まった障害者《しょうがいしゃ》スポーツは、いまや競技《きょうぎ》としての確固《かっこ》たる地位を築《きず》いています。

障害者スポーツの最高峰《さいこうほう》の大会がパラリンピックです。パラリンピックの種目のひとつに、車いすのマラソンがあります。男子マラソンの世界記録が※1 2時間2分57秒なのに対し、車いすマラソンは※1 1時間20分14秒です。なんと約43分も速いのです。

競技用《きょうぎよう》車いすは、極限《きょくげん》まで車重が軽くなっています。ま

ロンドン大会の車いすマラソンで優勝《ゆうしょう》したデビッド・ウィアー。

※1 ともに2016年３月現在《げんざい》の記録です。

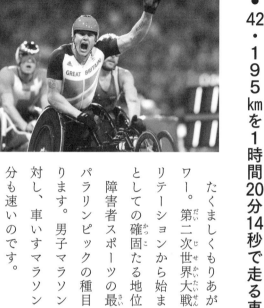

## 車いすマラソンとマラソンの世界記録をくらべると

| 種目 | 記録 | 選手（国） |
|---|---|---|
| 男子車いすマラソン | 1時間20分14秒 | ハインツ・フライ（スイス） |
| 男子マラソン | 2時間02分57秒 | デニス・キプルト・キメット（ケニア） |

| 種目 | 記録 | 選手（国） |
|---|---|---|
| 女子車いすマラソン | 1時間38分07秒 | 土田和歌子（日本）、マニュエラ・シャー（スイス） |
| 女子マラソン | 2時間15分25秒 | ポーラ・ラドクリフ（イギリス） |

た車高が低く、空気の抵抗《ていこう》をあまり受けないので、どんどん加速できます。

ロンドン大会の車いすマラソン（T54クラス）[※2]は大激戦《だいげきせん》となりました。アップダウンとカーブが多いむずかしいコースで、優勝《ゆうしょう》したデビッド・ウィアー（イギリス）から5位の花岡伸和《はなおかのぶかず》（日本）までタイム差はわずか6秒でした。

日本選手はパラリンピックの車いすマラソンで、これまで金2個《こ》、銀6個、銅《どう》3個と好成績《こうせいせき》をあげています。畑中和《はたなかかず》は、1992年のバルセロナ大会から、2004年のアテネ大会まで4大会連続出場し、アトランタ大会、シドニー大会で銀メダルを獲得《かくとく》。4度目のパラリンピック挑戦となったアテネ大会で、ついに悲願の金メダルに輝《かがや》きました。この大会では土田和歌子《つちだわかこ》も2位に入り、日本人選手のワンツーフィニッシュが実現《じつげん》しました。

※2 障害者《しょうがいしゃ》スポーツでは、選手の体の状態《じょうたい》ごとにクラスを設《もう》けています。T54クラスは、両手を動かせるが足に障害があって車いすを使用している選手が属《ぞく》します。

## 義足《ぎそく》の超人《ちょうじん》アスリートたち

右足が義足のマルクス・レーム（ドイツ）は、ロンドン大会の男子走《はし》り幅跳《はばと》び（T42／T44クラス）※3で金メダリストになりました。7m35cmは当時の世界記録です。

レームは、2014年7月のドイツ選手権《せんしゅけん》では8m24cmを記録し、健常者《けんじょうしゃ》を破《やぶ》って優勝《ゆうしょう》しましたし、2015年10月の障《しょう》がい者《しゃ》陸上世界選手権でも、8m40cmの記録で優勝しました。この記録は、オリンピックロンドン大会の優勝記録の8m31cmを上回るものでした。

「オリンピックに出たい」という障害者の夢《ゆめ》を実現《じつげん》させたのが、両足義足のオスカー・ピストリウス（南アフリカ）です。2012年のロンドン大会に出場し、400mで準《じゅん》

ロンドン大会で優勝したマルクス・レーム。

### 走り幅跳びの世界記録をくらべると

| クラス | 記録 | 選手（国） |
|---|---|---|
| 男子T44 | 8m40cm | マルクス・レーム（ドイツ） |
| 男子 | 8m95cm | マイク・パウエル（アメリカ） |

| クラス | 記録 | 選手（国） |
|---|---|---|
| 女子T44 | 5m74cm | マリー・アメリー・ル・フュール（フランス） |
| 女子 | 7m52cm | ガリナ・チスチャコワ（ソ連） |

※3　T42は片足《かたあし》の大腿切断《だいたいせつだん》、または片足のひざや足の関節が動かない競技者《きょうぎしゃ》のクラスです。T44は片足の下腿切断、または片足の関節が動かないなどの競技者のクラスです。

決勝《けっしょう》に進出、４×４００ｍリレーでは決勝まで進み８位に入賞しました。

左の図を見てください。パラリンピックの男子１００ｍの世界記録は、オリンピックの１００ｍより速いペースで短縮《たんしゅく》されています。いまのペースだと、２０７６年にはパラリンピックの世界記録は８秒56に到達《とうたつ》し、オリンピックをこえます。

ふたつの大会の記録の差はなくなっていきます。オリンピックとパラリンピックがひとつの大会になって、すべてのアスリートがともに戦う、そんな時代が今世紀中にやってくるかもしれませんね。

### 男子100m世界記録の予測《よそく》

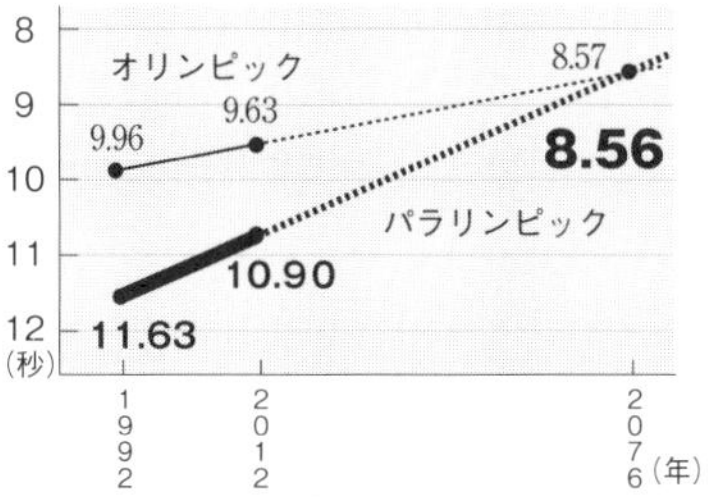


パラリンピックは、TS2クラス(両足もしくは片足が義足《ぎそく》)およびT44クラスの、1992年バルセロナ大会から2012年ロンドン大会までの記録をもとに、記録の伸《の》びを予測しました。オリンピックも同様に、1992年バルセロナ大会から2012年ロンドン大会までの記録をもとに予測しています。

ロンドン大会で、オリンピックとパラリンピックのどちらにも出場したピストリウス。義足ランナーがオリンピックに出たのは初めてでした。

# 巻末特集《かんまつとくしゅう》 メダルの数だけ感動がある！

## 国別メダル数ランキング　夏季オリンピック編《へん》

### 第1回 1896年 アテネ大会(ギリシャ)

| 順位 | 国 | 金 | 銀 | 銅 | 計 |
|---|---|---|---|---|---|
| 1 | アメリカ | 11 | 7 | 2 | 20 |
| 2 | ギリシャ | 10 | 17 | 19 | 46 |
| 3 | ドイツ | 6 | 5 | 2 | 13 |
| 4 | フランス | 5 | 4 | 2 | 11 |
| 5 | イギリス | 2 | 3 | 2 | 7 |
| 6 | ハンガリー | 2 | 1 | 3 | 6 |
| 7 | オーストリア | 2 | 1 | 2 | 5 |
| 8 | オーストラリア | 2 | 0 | 0 | 2 |
| 9 | デンマーク | 1 | 2 | 3 | 6 |
| 10 | スイス | 1 | 2 | 0 | 3 |

第１回近代オリンピックは、14か国から参加した241人の男子だけの大会でした。開会式には５万人の観衆《かんしゅう》が集まり、８競技《きょうぎ》43種目に熱戦がくり広げられました。陸上100mの優勝《ゆうしょう》記録は12秒０。マラソンの優勝記録は２時間58分50秒でした。

### 第2回 1900年 パリ大会(フランス)

| 順位 | 国 | 金 | 銀 | 銅 | 計 |
|---|---|---|---|---|---|
| 1 | フランス | 26 | 41 | 34 | 101 |
| 2 | アメリカ | 19 | 14 | 14 | 47 |
| 3 | イギリス | 15 | 6 | 9 | 30 |
| 4 | 混合チーム | 6 | 3 | 3 | 12 |
| 5 | スイス | 6 | 2 | 1 | 9 |
| 6 | ベルギー | 5 | 5 | 5 | 15 |
| 7 | ドイツ | 4 | 2 | 2 | 8 |
| 8 | イタリア | 2 | 1 | 0 | 3 |
| 9 | オーストラリア | 2 | 0 | 3 | 5 |
| 10 | デンマーク | 1 | 3 | 2 | 6 |
| 10 | ハンガリー | 1 | 3 | 2 | 6 |

パリ万国博覧会《ばんこくはくらんかい》の付属《ふぞく》大会として行われました。16競技95種目に、24の国と地域《ちいき》から女子22人をふくむ997人が参加しました。陸上競技で、はじめて３位以内の入賞者にメダルが授与《じゅよ》されました。

### 第3回 1904年 セントルイス大会(アメリカ)

| 順位 | 国 | 金 | 銀 | 銅 | 計 |
|---|---|---|---|---|---|
| 1 | アメリカ | 78 | 82 | 79 | 239 |
| 2 | ドイツ | 4 | 4 | 5 | 13 |
| 3 | キューバ | 4 | 2 | 3 | 9 |
| 4 | カナダ | 4 | 1 | 1 | 6 |
| 5 | ハンガリー | 2 | 1 | 1 | 4 |
| 6 | イギリス | 1 | 1 | 0 | 2 |
| 6 | 混合チーム | 1 | 1 | 0 | 2 |
| 8 | ギリシャ | 1 | 0 | 1 | 2 |
| 8 | スイス | 1 | 0 | 1 | 2 |
| 10 | オーストリア | 0 | 0 | 1 | 1 |

アメリカ大陸で開催《かいさい》されたはじめてのオリンピックです。開催国アメリカが圧倒的《あっとうてき》な強さをみせつけました。この大会での水泳男子100m自由形の優勝タイムは１分２秒08と、いまの世界記録より15秒以上遅《おそ》いタイムでした。

### 第4回 1908年 ロンドン大会(イギリス)

| 順位 | 国 | 金 | 銀 | 銅 | 計 |
|---|---|---|---|---|---|
| 1 | イギリス | 56 | 51 | 38 | 145 |
| 2 | アメリカ | 23 | 12 | 12 | 47 |
| 3 | スウェーデン | 8 | 6 | 11 | 25 |
| 4 | フランス | 5 | 5 | 9 | 19 |
| 5 | ドイツ | 3 | 5 | 6 | 14 |
| 6 | ハンガリー | 3 | 4 | 2 | 9 |
| 7 | カナダ | 3 | 3 | 10 | 16 |
| 8 | ノルウェー | 2 | 3 | 3 | 8 |
| 9 | イタリア | 2 | 2 | 0 | 4 |
| 10 | ベルギー | 1 | 5 | 2 | 8 |

1999人の選手が参加し、一気に大会の規《き》模《ぼ》が大きくなりました。閉会式《へいかいしき》で国旗《こっき》を先頭にした入場行進が行われるようになったのもこの大会からです。のちに冬季オリンピックの種目となるフィギュアスケートも実施《じっし》されました。

アテネ大会のスタジアム。

## 第5回 1912年 ストックホルム大会(スウェーデン)

| 順位 | 国 | 金 | 銀 | 銅 | 計 |
|---|---|---|---|---|---|
| 1 | アメリカ | 25 | 19 | 19 | 63 |
| 2 | スウェーデン | 24 | 24 | 17 | 65 |
| 3 | イギリス | 10 | 15 | 16 | 41 |
| 4 | フィンランド | 9 | 8 | 9 | 26 |
| 5 | フランス | 7 | 4 | 3 | 14 |
| 6 | ドイツ | 5 | 13 | 7 | 25 |
| 7 | 南アフリカ | 4 | 2 | 0 | 6 |
| 8 | ノルウェー | 4 | 1 | 4 | 9 |
| 9 | ハンガリー | 3 | 2 | 3 | 8 |
| 9 | カナダ | 3 | 2 | 3 | 8 |
|  | 日本 | 0 | 0 | 0 | 0 |

15競技《きょうぎ》108種目に28か国から2490人の選手が参加しました。日本選手は予選会の短《たん》距離《きょり》3種目で優勝《ゆうしょう》した三島弥彦《みしまやひこ》、2時間32分45秒のマラソン世界最高記録をもっていた金栗四三《かなくりしぞう》の2選手が初参加しました。

## 第7回 1920年 アントワープ大会(ベルギー)

| 順位 | 国 | 金 | 銀 | 銅 | 計 |
|---|---|---|---|---|---|
| 1 | アメリカ | 41 | 27 | 27 | 95 |
| 2 | スウェーデン | 19 | 18 | 24 | 61 |
| 3 | イギリス | 15 | 15 | 13 | 43 |
| 4 | フィンランド | 15 | 10 | 9 | 34 |
| 5 | ベルギー | 14 | 11 | 11 | 36 |
| 6 | ノルウェー | 13 | 9 | 9 | 31 |
| 7 | イタリア | 13 | 5 | 5 | 23 |
| 8 | フランス | 9 | 19 | 13 | 41 |
| 9 | オランダ | 4 | 2 | 5 | 11 |
| 10 | デンマーク | 3 | 9 | 1 | 13 |
| 17 | 日本 | 0 | 2 | 0 | 2 |

日本人初のメダリストが誕生《たんじょう》しました。テニスのシングルスで熊谷一弥《くまがいいちや》が銀メダル、ダブルスで熊谷と柏尾誠一郎《かしおせいいちろう》のペアが銀メダルに輝《かがや》いたのです。(第6回ベルリン大会は第1次世界大戦のため中止。)

## 第8回 1924年 パリ大会(フランス)

| 順位 | 国 | 金 | 銀 | 銅 | 計 |
|---|---|---|---|---|---|
| 1 | アメリカ | 45 | 27 | 27 | 99 |
| 2 | フィンランド | 14 | 13 | 10 | 37 |
| 3 | フランス | 13 | 15 | 10 | 38 |
| 4 | イギリス | 9 | 13 | 12 | 34 |
| 5 | イタリア | 8 | 3 | 5 | 16 |
| 6 | スイス | 7 | 8 | 10 | 25 |
| 7 | ノルウェー | 5 | 2 | 3 | 10 |
| 8 | スウェーデン | 4 | 13 | 12 | 29 |
| 9 | オランダ | 4 | 1 | 5 | 10 |
| 10 | ベルギー | 3 | 7 | 3 | 13 |
| 23 | 日本 | 0 | 0 | 1 | 1 |

パリで開かれた2度めの大会に3070人が参加し、はじめて選手村が設営《せつえい》されました。競技《きょうぎ》の運営《うんえい》にマイクが使われたのもこの大会からです。日本のメダルはレスリングの内藤克俊《ないとうかつとし》の銅《どう》だけでした。

## 第9回 1928年 アムステルダム大会(オランダ)

| 順位 | 国 | 金 | 銀 | 銅 | 計 |
|---|---|---|---|---|---|
| 1 | アメリカ | 22 | 18 | 16 | 56 |
| 2 | ドイツ | 10 | 7 | 14 | 31 |
| 3 | フィンランド | 8 | 8 | 9 | 25 |
| 4 | スウェーデン | 7 | 6 | 12 | 25 |
| 5 | イタリア | 7 | 5 | 7 | 19 |
| 6 | スイス | 7 | 4 | 4 | 15 |
| 7 | フランス | 6 | 10 | 5 | 21 |
| 8 | オランダ | 6 | 9 | 4 | 19 |
| 9 | ハンガリー | 4 | 5 | 0 | 9 |
| 10 | カナダ | 4 | 4 | 7 | 15 |
| 15 | 日本 | 2 | 2 | 1 | 5 |

日本人が大活躍《だいかつやく》。陸上三段跳《さんだんと》びで織田幹雄《おだみきお》が初の金メダルを獲得《かくとく》したほか、競泳男子200m平泳ぎで鶴田義行《つるたよしゆき》が金、陸上女子800mの人見絹枝《ひとみきぬえ》、競泳男子800m自由形リレーが銀メダルに輝《かがや》きました。

第10回
*1932*年
## ロサンゼルス大会（アメリカ）

| 順位 | 国 | 金 | 銀 | 銅 | 計 |
|---|---|---|---|---|---|
| 1 | アメリカ | 41 | 32 | 30 | 103 |
| 2 | イタリア | 12 | 12 | 12 | 36 |
| 3 | フランス | 10 | 5 | 4 | 19 |
| 4 | スウェーデン | 9 | 5 | 9 | 23 |
| 5 | 日本 | 7 | 7 | 4 | 18 |
| 6 | ハンガリー | 6 | 4 | 5 | 15 |
| 7 | フィンランド | 5 | 8 | 12 | 25 |
| 8 | イギリス | 4 | 7 | 5 | 16 |
| 9 | ドイツ | 3 | 12 | 5 | 20 |
| 10 | オーストラリア | 3 | 1 | 1 | 5 |

日本の競泳陣《きょうえいじん》は男子６種目中５種目で金メダルに輝きました。100m背泳《せおよ》ぎは、清川正二《きよかわまさじ》、入江稔夫《いりえとしお》、河津憲太郎《かわつけんたろう》の３選手が表彰台《ひょうしょうだい》を独占《どくせん》、日本初の快挙《かいきょ》でした。陸上三段跳《さんだんと》びの南部忠平《なんぶちゅうへい》、馬術大賞典障害飛越個人《ばじゅつだいしょうてんしょうがいひえつこじん》の西竹一《にしたけいち》も優勝《ゆうしょう》しています。

第11回
*1936*年
## ベルリン大会（ドイツ）

| 順位 | 国 | 金 | 銀 | 銅 | 計 |
|---|---|---|---|---|---|
| 1 | ドイツ | 33 | 26 | 30 | 89 |
| 2 | アメリカ | 24 | 20 | 12 | 56 |
| 3 | ハンガリー | 10 | 1 | 5 | 16 |
| 4 | イタリア | 8 | 9 | 5 | 22 |
| 5 | フィンランド | 7 | 6 | 6 | 19 |
| 5 | フランス | 7 | 6 | 6 | 19 |
| 7 | スウェーデン | 6 | 5 | 9 | 20 |
| 8 | 日本 | 6 | 4 | 8 | 18 |
| 9 | オランダ | 6 | 4 | 7 | 17 |
| 10 | イギリス | 4 | 7 | 3 | 14 |

ドイツのアドルフ・ヒトラー政権《せいけん》のもとで開催《かいさい》され、はじめて聖火《せいか》リレーが行われました。日本勢《にほんぜい》では、陸上三段跳びで田島直人《たじまなおと》が優勝《ゆうしょう》し、競泳女子200m平泳ぎで前畑秀子《まえはたひでこ》が日本女子初の金メダリストになるなど、６個《こ》の金メダルを獲得《かくとく》しました。

第14回
*1948*年
## ロンドン大会（イギリス）

| 順位 | 国 | 金 | 銀 | 銅 | 計 |
|---|---|---|---|---|---|
| 1 | アメリカ | 38 | 27 | 19 | 84 |
| 2 | スウェーデン | 16 | 11 | 17 | 44 |
| 3 | フランス | 10 | 6 | 13 | 29 |
| 4 | ハンガリー | 10 | 5 | 12 | 27 |
| 5 | イタリア | 8 | 11 | 8 | 27 |
| 6 | フィンランド | 8 | 7 | 5 | 20 |
| 7 | トルコ | 6 | 4 | 2 | 12 |
| 8 | チェコスロバキア | 6 | 2 | 3 | 11 |
| 9 | スイス | 5 | 10 | 5 | 20 |
| 10 | デンマーク | 5 | 7 | 8 | 20 |

第12回ヘルシンキ大会、第13回ロンドン大会は第二次世界大戦《だいにじせかいたいせん》のために中止となり、ベルリン大会以来12年ぶりに開催された、戦後初のオリンピックです。しかし戦争の責任《せきにん》を問われた日本とドイツは参加できませんでした。

第15回
*1952*年
## ヘルシンキ大会（フィンランド）

| 順位 | 国 | 金 | 銀 | 銅 | 計 |
|---|---|---|---|---|---|
| 1 | アメリカ | 40 | 19 | 17 | 76 |
| 2 | ソ連 | 22 | 30 | 19 | 71 |
| 3 | ハンガリー | 16 | 10 | 16 | 42 |
| 4 | スウェーデン | 12 | 13 | 10 | 35 |
| 5 | イタリア | 8 | 9 | 4 | 21 |
| 6 | チェコスロバキア | 7 | 3 | 3 | 13 |
| 7 | フランス | 6 | 6 | 6 | 18 |
| 8 | フィンランド | 6 | 3 | 13 | 22 |
| 9 | オーストラリア | 6 | 2 | 3 | 11 |
| 10 | ノルウェー | 3 | 2 | 0 | 5 |
| 17 | 日本 | 1 | 6 | 2 | 9 |

ソ連が初参加。16年ぶりに参加した日本は、レスリングで石井庄八《いしいしょうはち》が金メダルを獲得。エミール・ザトペック（チェコスロバキア）が、陸上男子5000m、１万m、マラソンで金という大記録をつくりました。

第16回
*1956*年

## メルボルン大会（オーストラリア）

| 順位 | 国 | 金 | 銀 | 銅 | 計 |
|---|---|---|---|---|---|
| 1 | ソ連 | 37 | 29 | 32 | 98 |
| 2 | アメリカ | 32 | 25 | 17 | 74 |
| 3 | オーストラリア | 13 | 8 | 14 | 35 |
| 4 | ハンガリー | 9 | 10 | 7 | 26 |
| 5 | イタリア | 8 | 8 | 9 | 25 |
| 6 | スウェーデン | 8 | 5 | 6 | 19 |
| 7 | 東西ドイツ | 6 | 13 | 7 | 26 |
| 8 | イギリス | 6 | 7 | 11 | 24 |
| 9 | ルーマニア | 5 | 3 | 5 | 13 |
| 10 | 日本 | 4 | 10 | 5 | 19 |

南半球で開かれたはじめてのオリンピックです。ハンガリー動乱《どうらん》などの影響《えいきょう》で参加国、選手数が減少《げんしょう》しました。日本は競泳男子200m平泳ぎの古川勝《ふるかわまさる》、体操《たいそう》男子鉄棒《てつぼう》の小野喬《おのたかし》、レスリングの池田三男《いけだみつお》と笹原正三《ささはらしょうぞう》が優勝《ゆうしょう》し、金メダル4個《こ》を獲得《かくとく》しました。

第17回
*1960*年

## ローマ大会（イタリア）

| 順位 | 国 | 金 | 銀 | 銅 | 計 |
|---|---|---|---|---|---|
| 1 | ソ連 | 43 | 29 | 31 | 103 |
| 2 | アメリカ | 34 | 21 | 16 | 71 |
| 3 | イタリア | 13 | 10 | 13 | 36 |
| 4 | 東西ドイツ | 12 | 19 | 11 | 42 |
| 5 | オーストラリア | 8 | 8 | 6 | 22 |
| 6 | トルコ | 7 | 2 | 0 | 9 |
| 7 | ハンガリー | 6 | 8 | 7 | 21 |
| 8 | 日本 | 4 | 7 | 7 | 18 |
| 9 | ポーランド | 4 | 6 | 11 | 21 |
| 10 | チェコスロバキア | 3 | 2 | 3 | 8 |

83か国から5348人が参加しました。マラソンでエチオピアのアベベ・ビキラが石畳《いしだたみ》のコースをはだしで走りぬき、2時間15分16秒の世界最高記録で優勝。日本は167選手をおくり、体操男子が団体《だんたい》と種目別で4つの金メダルを獲得しています。

第18回
*1964*年

## 東京《とうきょう》大会（日本）

| 順位 | 国 | 金 | 銀 | 銅 | 計 |
|---|---|---|---|---|---|
| 1 | アメリカ | 36 | 26 | 28 | 90 |
| 2 | ソ連 | 30 | 31 | 35 | 96 |
| 3 | 日本 | 16 | 5 | 8 | 29 |
| 4 | 東西ドイツ | 10 | 22 | 18 | 50 |
| 5 | イタリア | 10 | 10 | 7 | 27 |
| 6 | ハンガリー | 10 | 7 | 5 | 22 |
| 7 | ポーランド | 7 | 6 | 10 | 23 |
| 8 | オーストラリア | 6 | 2 | 10 | 18 |
| 9 | チェコスロバキア | 5 | 6 | 3 | 14 |
| 10 | イギリス | 4 | 12 | 2 | 18 |

アジアではじめてオリンピックが開催《かいさい》されました。柔道《じゅうどう》とバレーボールがこの大会から正式種目に加わりました。最終聖火《せいか》ランナーには、1945年8月6日、原爆《げんばく》投下の日に広島《ひろしま》県三次《みよし》市で生まれた、早大生《そうだいせい》の坂井義則《さかいよしのり》が選ばれました。

第19回
*1968*年

## メキシコシティー大会（メキシコ）

| 順位 | 国 | 金 | 銀 | 銅 | 計 |
|---|---|---|---|---|---|
| 1 | アメリカ | 45 | 28 | 34 | 107 |
| 2 | ソ連 | 29 | 32 | 30 | 91 |
| 3 | 日本 | 11 | 7 | 7 | 25 |
| 4 | ハンガリー | 10 | 10 | 12 | 32 |
| 5 | 東ドイツ | 9 | 9 | 7 | 25 |
| 6 | フランス | 7 | 3 | 5 | 15 |
| 7 | チェコスロバキア | 7 | 2 | 4 | 13 |
| 8 | 西ドイツ | 5 | 11 | 10 | 26 |
| 9 | オーストラリア | 5 | 7 | 5 | 17 |
| 10 | イギリス | 5 | 5 | 3 | 13 |

標高2240mの高地での開催となり、陸上短距離《たんきょり》や跳躍《ちょうやく》種目で好記録が続出しました。男子100mではジム・ハインズ（アメリカ）が9秒95の世界新記録で優勝し、オリンピック史上はじめて10秒の壁《かべ》が破《やぶ》られました。

第21回
## *1976*年 モントリオール大会(カナダ)

| 順位 | 国 | 金 | 銀 | 銅 | 計 |
|---|---|---|---|---|---|
| 1 | ソ連 | 49 | 41 | 35 | 125 |
| 2 | 東ドイツ | 40 | 25 | 25 | 90 |
| 3 | アメリカ | 34 | 35 | 25 | 94 |
| 4 | 西ドイツ | 10 | 12 | 17 | 39 |
| 5 | 日本 | 9 | 6 | 10 | 25 |
| 6 | ポーランド | 7 | 6 | 13 | 26 |
| 7 | ブルガリア | 6 | 9 | 7 | 22 |
| 8 | キューバ | 6 | 4 | 3 | 13 |
| 9 | ルーマニア | 4 | 9 | 14 | 27 |
| 10 | ハンガリー | 4 | 5 | 13 | 22 |

開催国《かいさいこく》カナダの人種差別政策《せいさく》への反対を表明したアフリカ諸国《しょこく》などがボイコットしたため、参加国が92か国に激減《げきげん》しました。日本の体操男子は団体５連覇《れんぱ》を達成。バレーボール女子はエース白井貴子《しらいたかこ》の活躍《かつやく》で、東京大会以来の金メダルを獲得《かくとく》しました。

第20回
## *1972*年 ミュンヘン大会(西ドイツ)

| 順位 | 国 | 金 | 銀 | 銅 | 計 |
|---|---|---|---|---|---|
| 1 | ソ連 | 50 | 27 | 22 | 99 |
| 2 | アメリカ | 33 | 31 | 30 | 94 |
| 3 | 東ドイツ | 20 | 23 | 23 | 66 |
| 4 | 西ドイツ | 13 | 11 | 16 | 40 |
| 5 | 日本 | 13 | 8 | 8 | 29 |
| 6 | オーストラリア | 8 | 7 | 2 | 17 |
| 7 | ポーランド | 7 | 5 | 9 | 21 |
| 8 | ハンガリー | 6 | 13 | 16 | 35 |
| 9 | ブルガリア | 6 | 10 | 5 | 21 |
| 10 | イタリア | 5 | 3 | 10 | 18 |

121か国から史上最多の7000人をこえる選手が参加しました。日本選手団《せんしゅだん》はバレーボール男子、体操《たいそう》、柔道《じゅうどう》などメダルラッシュにわきましたが、大会期間中に、パレスチナのテロ組織《そしき》による人質事件《ひとじちじけん》が発生し、イスラエルの選手11名が殺害されました。

第23回
## *1984*年 ロサンゼルス大会(アメリカ)

| 順位 | 国 | 金 | 銀 | 銅 | 計 |
|---|---|---|---|---|---|
| 1 | アメリカ | 83 | 61 | 30 | 174 |
| 2 | ルーマニア | 20 | 16 | 17 | 53 |
| 3 | 西ドイツ | 17 | 19 | 23 | 59 |
| 4 | 中国 | 15 | 8 | 9 | 32 |
| 5 | イタリア | 14 | 6 | 12 | 32 |
| 6 | カナダ | 10 | 18 | 16 | 44 |
| 7 | 日本 | 10 | 8 | 14 | 32 |
| 8 | ニュージーランド | 8 | 1 | 2 | 11 |
| 9 | ユーゴスラビア | 7 | 4 | 7 | 18 |
| 10 | 韓国 | 6 | 6 | 7 | 19 |

アメリカなどのモスクワ大会不参加への報《ほう》復《ふく》として、ソ連、東ドイツなど16か国がボイコットしたため、アメリカが83個の金メダルを獲得。日本は体操男子個人総合《そうごう》の具志堅幸司《ぐしけんこうじ》、種目別鉄棒《てつぼう》の森末慎二《もりすえしんじ》などが金メダルに輝《かがや》きました。

第22回
## *1980*年 モスクワ大会(ソビエト連邦)

| 順位 | 国 | 金 | 銀 | 銅 | 計 |
|---|---|---|---|---|---|
| 1 | ソ連 | 80 | 69 | 46 | 195 |
| 2 | 東ドイツ | 47 | 37 | 42 | 126 |
| 3 | ブルガリア | 8 | 16 | 17 | 41 |
| 4 | キューバ | 8 | 7 | 5 | 20 |
| 5 | イタリア | 8 | 3 | 4 | 15 |
| 6 | ハンガリー | 7 | 10 | 15 | 32 |
| 7 | ルーマニア | 6 | 6 | 13 | 25 |
| 8 | フランス | 6 | 5 | 3 | 14 |
| 9 | イギリス | 5 | 7 | 9 | 21 |
| 10 | ポーランド | 3 | 14 | 15 | 32 |

開催国のソ連が前年アフガニスタンに兵を進めたことに抗議《こうぎ》して、アメリカが大会ボイコットを表明し、日本、韓国《かんこく》、西ドイツなど32か国もこれにならいました。204種目中、ソ連が80個《こ》、東ドイツが47個の金メダルを獲得しています。

第25回
*1992*年 バルセロナ大会（スペイン）

| 順位 | 国 | 金 | 銀 | 銅 | 計 |
|---|---|---|---|---|---|
| 1 | EUN | 45 | 38 | 29 | 112 |
| 2 | アメリカ | 37 | 34 | 37 | 108 |
| 3 | ドイツ | 33 | 21 | 28 | 82 |
| 4 | 中国 | 16 | 22 | 16 | 54 |
| 5 | キューバ | 14 | 6 | 11 | 31 |
| 6 | スペイン | 13 | 7 | 2 | 22 |
| 7 | 韓国 | 12 | 5 | 12 | 29 |
| 8 | ハンガリー | 11 | 12 | 7 | 30 |
| 9 | フランス | 8 | 5 | 16 | 29 |
| 10 | オーストラリア | 7 | 9 | 11 | 27 |
| 17 | 日本 | 3 | 8 | 11 | 22 |

東西冷戦が終結し、史上最多の169の国と地域《ちいき》から9368人が参加。14歳《さい》の岩崎恭子《いわさききょうこ》が競泳女子200m平泳ぎで金、柔道《じゅうどう》の吉田《よしだ》秀彦《ひでひこ》、古賀稔彦《こがとしひこ》も金。マラソン女子の有森《ありもり》裕子《ゆうこ》ら８人が銀メダルを獲得しました。

第24回
*1988*年 ソウル大会（韓国《かんこく》）

| 順位 | 国 | 金 | 銀 | 銅 | 計 |
|---|---|---|---|---|---|
| 1 | ソ連 | 55 | 31 | 46 | 132 |
| 2 | 東ドイツ | 37 | 35 | 30 | 102 |
| 3 | アメリカ | 36 | 31 | 27 | 94 |
| 4 | 韓国 | 12 | 10 | 11 | 33 |
| 5 | 西ドイツ | 11 | 14 | 15 | 40 |
| 6 | ハンガリー | 11 | 6 | 6 | 23 |
| 7 | ブルガリア | 10 | 12 | 13 | 35 |
| 8 | ルーマニア | 7 | 11 | 6 | 24 |
| 9 | フランス | 6 | 4 | 6 | 16 |
| 10 | イタリア | 6 | 4 | 4 | 14 |
| 14 | 日本 | 4 | 3 | 7 | 14 |

1964年の東京大会以来、アジアで２度めのオリンピックです。12年ぶりにアメリカとソ連がそろって参加。鈴木大地《すずきだいち》が男子100m背泳《せおよ》ぎで、水泳では日本選手として56年ぶりの金メダルを獲得《かくとく》しました。

第27回
*2000*年 シドニー大会（オーストラリア）

| 順位 | 国 | 金 | 銀 | 銅 | 計 |
|---|---|---|---|---|---|
| 1 | アメリカ | 36 | 24 | 31 | 91 |
| 2 | ロシア | 32 | 28 | 28 | 88 |
| 3 | 中国 | 28 | 16 | 15 | 59 |
| 4 | オーストラリア | 16 | 25 | 17 | 58 |
| 5 | ドイツ | 13 | 17 | 26 | 56 |
| 6 | フランス | 13 | 14 | 11 | 38 |
| 7 | イタリア | 13 | 8 | 13 | 34 |
| 8 | オランダ | 12 | 9 | 4 | 25 |
| 9 | キューバ | 11 | 11 | 7 | 29 |
| 10 | イギリス | 11 | 10 | 7 | 28 |
| 15 | 日本 | 5 | 8 | 5 | 18 |

44年ぶりの南半球での大会に１万651人が参加しました。日本勢《ぜい》は、柔道の田村亮《たむらりょう》子《こ》、マラソンの高橋尚子《たかはしなおこ》をはじめ、競泳、シンクロ、ソフトボールなどの種目で女子選手の活躍《かつやく》が目立ちました。メダル総数《そうすう》18個中13個は女子が獲得したものです。

第26回
*1996*年 アトランタ大会（アメリカ）

| 順位 | 国 | 金 | 銀 | 銅 | 計 |
|---|---|---|---|---|---|
| 1 | アメリカ | 44 | 32 | 25 | 101 |
| 2 | ロシア | 26 | 21 | 16 | 63 |
| 3 | ドイツ | 20 | 18 | 27 | 65 |
| 4 | 中国 | 16 | 22 | 12 | 50 |
| 5 | フランス | 15 | 7 | 15 | 37 |
| 6 | イタリア | 13 | 10 | 12 | 35 |
| 7 | オーストラリア | 9 | 9 | 23 | 41 |
| 8 | キューバ | 9 | 8 | 8 | 25 |
| 9 | ウクライナ | 9 | 2 | 12 | 23 |
| 10 | 韓国 | 7 | 15 | 5 | 27 |
| 23 | 日本 | 3 | 6 | 5 | 14 |

参加者が１万人をこえ26競技《きょうぎ》271種目が行われました。日本の金メダルは柔道の野《の》村忠宏《むらただひろ》、中村兼三《なかむらけんぞう》、恵本裕子《えもとゆうこ》の３個《こ》でした。ヨットでは女子470級で重由美子《しげゆみこ》・木《きの》下《した》アリーシア組が日本ヨット史上初のメダル（銀）を獲得しました。

第28回
## *2004*年 アテネ大会（ギリシャ）

| 順位 | 国 | 金 | 銀 | 銅 | 計 |
|---|---|---|---|---|---|
| 1 | アメリカ | 36 | 39 | 27 | 102 |
| 2 | 中国 | 32 | 17 | 14 | 63 |
| 3 | ロシア | 27 | 27 | 38 | 92 |
| 4 | オーストラリア | 17 | 16 | 16 | 49 |
| 5 | 日本 | 16 | 9 | 12 | 37 |
| 6 | ドイツ | 13 | 16 | 20 | 49 |
| 7 | フランス | 11 | 9 | 13 | 33 |
| 8 | イタリア | 10 | 11 | 11 | 32 |
| 9 | 韓国 | 9 | 12 | 9 | 30 |
| 10 | イギリス | 9 | 9 | 12 | 30 |

第１回大会以来108年ぶりにアテネでオリンピックが開催《かいさい》され、第１回大会会場のオリンピア競技場《きょうぎじょう》は男女砲丸《ほうがん》投《な》げの会場として使われました。日本は国をあげての強化《きょうか》策《さく》「ゴールドプラン」が効果《こうか》を発揮《はっき》し、史上最多の37個《こ》のメダルを獲得《かくとく》しています。

第29回
## *2008*年 北京《ペキン》大会（中国）

| 順位 | 国 | 金 | 銀 | 銅 | 計 |
|---|---|---|---|---|---|
| 1 | 中国 | 51 | 21 | 28 | 100 |
| 2 | アメリカ | 36 | 38 | 36 | 110 |
| 3 | ロシア | 23 | 21 | 28 | 72 |
| 4 | イギリス | 19 | 13 | 15 | 47 |
| 5 | ドイツ | 16 | 10 | 15 | 41 |
| 6 | オーストラリア | 14 | 15 | 17 | 46 |
| 7 | 韓国 | 13 | 10 | 8 | 31 |
| 8 | 日本 | 9 | 6 | 10 | 25 |
| 9 | イタリア | 8 | 9 | 10 | 27 |
| 10 | フランス | 7 | 16 | 18 | 41 |

開催国の中国が金メダル獲得数１位に。日本勢《ぜい》は競泳の北島康介《きたじまこうすけ》が２大会連続平泳ぎで２冠《かん》を達成したのをはじめ、レスリング女子の吉田沙保里《よしださおり》と伊調馨《いちょうかおる》、柔道《じゅうどう》の谷本歩《たにもとあゆ》実《み》、内柴正人《うちしばまさと》、上野雅恵《うえのまさえ》と２連覇《れんぱ》ラッシュになりました。ソフトボールの金も話題に。

第30回
## *2012*年 ロンドン大会（イギリス）

| 順位 | 国 | 金 | 銀 | 銅 | 計 |
|---|---|---|---|---|---|
| 1 | アメリカ | 46 | 29 | 29 | 104 |
| 2 | 中国 | 38 | 27 | 23 | 88 |
| 3 | イギリス | 29 | 17 | 19 | 65 |
| 4 | ロシア | 24 | 26 | 32 | 82 |
| 5 | 韓国 | 13 | 8 | 7 | 28 |
| 6 | ドイツ | 11 | 19 | 14 | 44 |
| 7 | フランス | 11 | 11 | 12 | 34 |
| 8 | イタリア | 8 | 9 | 11 | 28 |
| 9 | ハンガリー | 8 | 4 | 5 | 17 |
| 10 | オーストラリア | 7 | 16 | 12 | 35 |
| 11 | 日本 | 7 | 14 | 17 | 38 |

日本はアテネ大会を上回る38個のメダルを獲得しました。レスリングは吉田、伊調が３連覇したほか、小原日登美《おばらひとみ》、米満達弘《よねみつたつひろ》も優勝《ゆうしょう》、体操個人総合《たいそうこじんそうごう》の内村航平《うちむらこうへい》、柔道の松本薫《まつもとかおり》、ボクシングの村田諒太《むらたりょうた》と７個の金メダルを獲得しています。

第31回
## *2016*年 リオデジャネイロ大会（ブラジル）

| 順位 | 国 | 金 | 銀 | 銅 | 計 |
|---|---|---|---|---|---|
| 1 | アメリカ | 46 | 37 | 38 | 121 |
| 2 | イギリス | 27 | 23 | 17 | 67 |
| 3 | 中国 | 26 | 18 | 26 | 70 |
| 4 | ロシア | 19 | 18 | 19 | 56 |
| 5 | ドイツ | 17 | 10 | 15 | 42 |
| 6 | 日本 | 12 | 8 | 21 | 41 |
| 7 | フランス | 10 | 18 | 14 | 42 |
| 8 | 韓国 | 9 | 3 | 9 | 21 |
| 9 | イタリア | 8 | 12 | 8 | 28 |
| 10 | オーストラリア | 8 | 11 | 10 | 29 |

南米大陸で初の開催。内村が体操個人総合44年ぶりの２連覇を達成（前回は加藤沢《かとうさわ》男《お》）したほか、レスリング女子の伊調は史上初の４連覇を達成し、陸上男子４×100mリレーは銀メダルに輝《かがや》きました。日本は、12個の金メダルをふくむ、史上最多の41個のメダルを獲得しました。

シャモニー・モンブラン大会の開会式。

# 国別メダル数ランキング

## 冬季オリンピック編《へん》

### 第1回 1924年 シャモニー・モンブラン大会(フランス)

| 順位 | 国 | 金 | 銀 | 銅 | 計 |
|---|---|---|---|---|---|
| 1 | ノルウェー | 4 | 7 | 6 | 17 |
| 2 | フィンランド | 4 | 4 | 3 | 11 |
| 3 | オーストリア | 2 | 1 | 0 | 3 |
| 4 | アメリカ | 1 | 2 | 1 | 4 |
| 5 | スイス | 1 | 0 | 1 | 2 |

試験的に「国際冬季競技週間《こくさいとうききょうぎしゅうかん》」として開催《かいさい》され、4競技《きょうぎ》14種目に16か国から258人の選手が出場。翌年《よくねん》、第1回オリンピック冬季大会と認定《にんてい》されました。日本は関東大《かんとうだい》震災《しんさい》の影響《えいきょう》で参加できませんでした。

### 第2回 1928年 サンモリッツ大会(スイス)

| 順位 | 国 | 金 | 銀 | 銅 | 計 |
|---|---|---|---|---|---|
| 1 | ノルウェー | 6 | 4 | 5 | 15 |
| 2 | アメリカ | 2 | 2 | 2 | 6 |
| 3 | スウェーデン | 2 | 2 | 1 | 5 |
| 4 | フィンランド | 2 | 1 | 1 | 4 |
| 5 | フランス | 1 | 0 | 0 | 1 |
| 5 | カナダ | 1 | 0 | 0 | 1 |
| | 日本 | 0 | 0 | 0 | 0 |

この大会から冬季オリンピックとして独立《どくりつ》した形で開催され、25か国の464人が5競技14種目で熱戦をくりひろげました。

### 第3回 1932年 レークプラシッド大会(アメリカ)

| 順位 | 国 | 金 | 銀 | 銅 | 計 |
|---|---|---|---|---|---|
| 1 | アメリカ | 6 | 4 | 2 | 12 |
| 2 | ノルウェー | 3 | 4 | 3 | 10 |
| 3 | スウェーデン | 1 | 2 | 0 | 3 |
| 4 | カナダ | 1 | 1 | 5 | 7 |
| 5 | フィンランド | 1 | 1 | 1 | 3 |
| | 日本 | 0 | 0 | 0 | 0 |

17か国から252人が参加し4競技14種目を開催。日本は男子17人が、スキーとスケートの2競技に出場し、スキージャンプで安《あ》達五郎《だちごろう》の8位が最高位でした。

### 第4回 1936年 ガルミッシュパルテンキルヘン大会(ドイツ)

| 順位 | 国 | 金 | 銀 | 銅 | 計 |
|---|---|---|---|---|---|
| 1 | ノルウェー | 7 | 5 | 3 | 15 |
| 2 | ドイツ | 3 | 3 | 0 | 6 |
| 3 | スウェーデン | 2 | 2 | 3 | 7 |
| 4 | フィンランド | 1 | 2 | 3 | 6 |
| 5 | スイス | 1 | 2 | 0 | 3 |
| | 日本 | 0 | 0 | 0 | 0 |

ヒトラーが政権《せいけん》をにぎるドイツで開催されました。日本はアイスホッケーなど3競技に48人を派遣《はけん》。小学6年生の稲田悦子《いなだえつこ》が、フィギュアスケートで10位に。

### 第5回 1948年 サンモリッツ大会(スイス)

| 順位 | 国 | 金 | 銀 | 銅 | 計 |
|---|---|---|---|---|---|
| 1 | ノルウェー | 4 | 3 | 3 | 10 |
| 1 | スウェーデン | 4 | 3 | 3 | 10 |
| 3 | スイス | 3 | 4 | 3 | 10 |
| 4 | アメリカ | 3 | 4 | 2 | 9 |
| 5 | フランス | 2 | 1 | 2 | 5 |

冬季大会も12年ぶりに復活《ふっかつ》し、28の国と地域《ちいき》から669人が参加。敗戦国の日本とドイツは参加が認《みと》められませんでした。アメリカがアイスホッケーに2チームを派遣して大問題になり、結局失格《しっかく》になりました。

### 第6回 1952年 オスロ大会(ノルウェー)

| 順位 | 国 | 金 | 銀 | 銅 | 計 |
|---|---|---|---|---|---|
| 1 | ノルウェー | 7 | 3 | 6 | 16 |
| 2 | アメリカ | 4 | 6 | 1 | 11 |
| 3 | フィンランド | 3 | 4 | 2 | 9 |
| 4 | 西ドイツ | 3 | 2 | 2 | 7 |
| 5 | オーストリア | 2 | 4 | 2 | 8 |
| | 日本 | 0 | 0 | 0 | 0 |

30の国と地域から694人が参加し、この大会から冬季大会でも聖火《せいか》リレーが行われました。日本は18人を派遣、猪谷千春《いがやちはる》がスキーアルペン男子回転で11位に。

第8回
*1960* 年　スコーバレー大会(アメリカ)

| 順位 | 国 | 金 | 銀 | 銅 | 計 |
|---|---|---|---|---|---|
| 1 | ソ連 | 7 | 5 | 9 | 21 |
| 2 | 東西ドイツ | 4 | 3 | 1 | 8 |
| 3 | アメリカ | 3 | 4 | 3 | 10 |
| 4 | ノルウェー | 3 | 3 | 0 | 6 |
| 5 | スウェーデン | 3 | 2 | 2 | 7 |
| | 日本 | 0 | 0 | 0 | 0 |

アメリカで2度めの冬季大会に、30の国と地域《ちいき》から665人が参加。バイアスロンが新種目として採用《さいよう》されました。高見沢初枝《たかみざわはつえ》がスピードスケートで3種目入賞しました。

第7回
*1956* 年　コルチナ・ダンペッツオ大会(イタリア)

| 順位 | 国 | 金 | 銀 | 銅 | 計 |
|---|---|---|---|---|---|
| 1 | ソ連 | 7 | 3 | 6 | 16 |
| 2 | オーストリア | 4 | 3 | 4 | 11 |
| 3 | フィンランド | 3 | 3 | 1 | 7 |
| 4 | スイス | 3 | 2 | 1 | 6 |
| 5 | スウェーデン | 2 | 4 | 4 | 10 |
| 11 | 日本 | 0 | 1 | 0 | 1 |

オーストリアのトニー・ザイラーがスキーのアルペン男子で滑降《かっこう》、大回転、回転の3冠王《かんおう》に。日本の猪谷は回転で冬季初のメダルを獲得《かくとく》しています。

第10回
*1968* 年　グルノーブル大会(フランス)

| 順位 | 国 | 金 | 銀 | 銅 | 計 |
|---|---|---|---|---|---|
| 1 | ノルウェー | 6 | 6 | 2 | 14 |
| 2 | ソ連 | 5 | 5 | 3 | 13 |
| 3 | フランス | 4 | 3 | 2 | 9 |
| 4 | イタリア | 4 | 0 | 0 | 4 |
| 5 | オーストリア | 3 | 4 | 4 | 11 |
| | 日本 | 0 | 0 | 0 | 0 |

参加選手がはじめて1000人をこえました。フランスのジャン=クロード・キリーがスキーのアルペン男子で史上ふたりめの3冠王に。日本は入賞ゼロでした。

第9回
*1964* 年　インスブルック大会(オーストリア)

| 順位 | 国 | 金 | 銀 | 銅 | 計 |
|---|---|---|---|---|---|
| 1 | ソ連 | 11 | 8 | 6 | 25 |
| 2 | オーストリア | 4 | 5 | 3 | 12 |
| 3 | ノルウェー | 3 | 6 | 6 | 15 |
| 4 | フィンランド | 3 | 4 | 3 | 10 |
| 5 | フランス | 3 | 4 | 0 | 7 |
| | 日本 | 0 | 0 | 0 | 0 |

リュージュが新種目として採用されました。雪不足に苦しめられた大会でした。日本は48人を派遣《はけん》し、スピードスケート女子の3選手が入賞しています。

第12回
*1976* 年　インスブルック大会(オーストリア)

| 順位 | 国 | 金 | 銀 | 銅 | 計 |
|---|---|---|---|---|---|
| 1 | ソ連 | 13 | 6 | 8 | 27 |
| 2 | 東ドイツ | 7 | 5 | 7 | 19 |
| 3 | アメリカ | 3 | 3 | 4 | 10 |
| 4 | ノルウェー | 3 | 3 | 1 | 7 |
| 5 | 西ドイツ | 2 | 5 | 3 | 10 |
| | 日本 | 0 | 0 | 0 | 0 |

アルペン男子滑降では、地元のフランツ・クラマーが優勝《ゆうしょう》。アルペン女子は、西ドイツのロジー・ミッターマイヤーが滑降、回転で金メダルを獲得しました。

第11回
*1972* 年　札幌《さっぽろ》大会(日本)

| 順位 | 国 | 金 | 銀 | 銅 | 計 |
|---|---|---|---|---|---|
| 1 | ソ連 | 8 | 5 | 3 | 16 |
| 2 | 東ドイツ | 4 | 3 | 7 | 14 |
| 3 | スイス | 4 | 3 | 3 | 10 |
| 4 | オランダ | 4 | 3 | 2 | 9 |
| 5 | アメリカ | 3 | 2 | 3 | 8 |
| 11 | 日本 | 1 | 1 | 1 | 3 |

35の国と地域《ちいき》から1000人以上が参加、6競技《きょうぎ》35種目で熱戦をくり広げました。日本は110人の大選手団《だいせんしゅだん》で戦い、スキージャンプ70m級でメダルを独占《どくせん》しました。

第13回
## 1980年 レークプラシッド大会(アメリカ)

| 順位 | 国 | 金 | 銀 | 銅 | 計 |
|---|---|---|---|---|---|
| 1 | ソ連 | 10 | 6 | 6 | 22 |
| 2 | 東ドイツ | 9 | 7 | 7 | 23 |
| 3 | アメリカ | 6 | 4 | 2 | 12 |
| 4 | オーストリア | 3 | 2 | 2 | 7 |
| 5 | スウェーデン | 3 | 0 | 1 | 4 |
| 6 | リヒテンシュタイン | 2 | 2 | 0 | 4 |
| 7 | フィンランド | 1 | 5 | 3 | 9 |
| 8 | ノルウェー | 1 | 3 | 6 | 10 |
| 9 | オランダ | 1 | 2 | 1 | 4 |
| 10 | スイス | 1 | 1 | 3 | 5 |
| 15 | 日本 | 0 | 1 | 0 | 1 |

エリック・ハイデン（アメリカ）は、スピードスケート男子の５種目すべてで金メダルという大記録を残しました。スキージャンプ70m級で八木弘和《やぎひろかず》が銀メダルを獲得《かくとく》し、ジャンプ復活《ふっかつ》の期待にこたえました。

第14回
## 1984年 サラエボ大会(ユーゴズラビア)

| 順位 | 国 | 金 | 銀 | 銅 | 計 |
|---|---|---|---|---|---|
| 1 | 東ドイツ | 9 | 9 | 6 | 24 |
| 2 | ソ連 | 6 | 10 | 9 | 25 |
| 3 | アメリカ | 4 | 4 | 0 | 8 |
| 4 | スウェーデン | 4 | 2 | 2 | 8 |
| 5 | フィンランド | 4 | 3 | 6 | 13 |
| 6 | ノルウェー | 3 | 2 | 4 | 9 |
| 7 | スイス | 2 | 2 | 1 | 5 |
| 8 | 西ドイツ | 2 | 1 | 1 | 4 |
| 8 | カナダ | 2 | 1 | 1 | 4 |
| 10 | イタリア | 2 | 0 | 0 | 2 |
| 14 | 日本 | 0 | 1 | 0 | 1 |

共産主義国《きょうさんしゅぎこく》初の開催《かいさい》。夏季はロサンゼルス大会から、冬季はこの大会から入賞が６位から８位に拡大《かくだい》されました。スピードスケート男子は、北沢欣浩《きたざわよしひろ》が500mで銀。この競技《きょうぎ》初のメダリストとなりました。

第15回
## 1988年 カルガリー大会(カナダ)

| 順位 | 国 | 金 | 銀 | 銅 | 計 |
|---|---|---|---|---|---|
| 1 | ソ連 | 11 | 9 | 9 | 29 |
| 2 | 東ドイツ | 9 | 10 | 6 | 25 |
| 3 | スイス | 5 | 5 | 5 | 15 |
| 4 | フィンランド | 4 | 1 | 2 | 7 |
| 5 | スウェーデン | 4 | 0 | 2 | 6 |
| 6 | オーストリア | 3 | 5 | 2 | 10 |
| 7 | オランダ | 3 | 2 | 2 | 7 |
| 8 | 西ドイツ | 2 | 4 | 2 | 8 |
| 9 | アメリカ | 2 | 1 | 3 | 6 |
| 10 | イタリア | 2 | 1 | 2 | 5 |
| 16 | 日本 | 0 | 0 | 1 | 1 |

スピードスケートがはじめて屋内で行われるようになった大会です。日本は黒岩彰《くろいわあきら》が男子500mで銅《どう》、橋本聖子《はしもとせいこ》が女子500mから5000mまでの５種目に、日本新記録で入賞する快挙《かいきょ》を達成しました。

第16回
## 1992年 アルベールビル大会(フランス)

| 順位 | 国 | 金 | 銀 | 銅 | 計 |
|---|---|---|---|---|---|
| 1 | ドイツ | 10 | 10 | 6 | 26 |
| 2 | EUN | 9 | 6 | 8 | 23 |
| 3 | ノルウェー | 9 | 6 | 5 | 20 |
| 4 | オーストリア | 6 | 7 | 8 | 21 |
| 5 | アメリカ | 5 | 4 | 2 | 11 |
| 6 | イタリア | 4 | 6 | 4 | 14 |
| 7 | フランス | 3 | 5 | 1 | 9 |
| 8 | フィンランド | 3 | 1 | 3 | 7 |
| 9 | カナダ | 2 | 3 | 2 | 7 |
| 10 | 韓国 | 2 | 1 | 1 | 4 |
| 11 | 日本 | 1 | 2 | 4 | 7 |

日本はノルディック複合団体《ふくごうだんたい》で三ヶ田礼《みかたれい》一《いち》、河野孝典《こうのたかのり》、荻原健司《おぎわらけんじ》が金メダル、フィギュアスケート女子の伊藤《いとう》みどりとスピードスケート男子500mの黒岩敏幸《くろいわとしゆき》が銀メダルなど、メダル７個《こ》と大健闘《だいけんとう》しました。

### 第18回 1998年 長野《ながの》大会(日本)

| 順位 | 国 | 金 | 銀 | 銅 | 計 |
|---|---|---|---|---|---|
| 1 | ドイツ | 12 | 9 | 8 | 29 |
| 2 | ノルウェー | 10 | 10 | 5 | 25 |
| 3 | ロシア | 9 | 6 | 3 | 18 |
| 4 | カナダ | 6 | 5 | 4 | 15 |
| 5 | アメリカ | 6 | 3 | 4 | 13 |
| 6 | オランダ | 5 | 4 | 2 | 11 |
| 7 | 日本 | 5 | 1 | 4 | 10 |
| 8 | オーストリア | 3 | 5 | 9 | 17 |
| 9 | 韓国 | 3 | 1 | 2 | 6 |
| 10 | イタリア | 2 | 6 | 2 | 10 |

日本で２度めの冬季大会。大会直前に長野新幹線《しんかんせん》が開通し、環境《かんきょう》に配慮《はいりょ》した競技場《きょうぎじょう》づくりをめざしました。フィギュアスケート女子シングルはタラ・リピンスキー（アメリカ）が15歳《さい》８か月で優勝《ゆうしょう》。冬季個人種《こじんしゅ》目《もく》最年少金メダリストとなりました。

### 第17回 1994年 リレハンメル大会(ノルウェー)

| 順位 | 国 | 金 | 銀 | 銅 | 計 |
|---|---|---|---|---|---|
| 1 | ロシア | 11 | 8 | 4 | 23 |
| 2 | ノルウェー | 10 | 11 | 5 | 26 |
| 3 | ドイツ | 9 | 7 | 8 | 24 |
| 4 | イタリア | 7 | 5 | 8 | 20 |
| 5 | アメリカ | 6 | 5 | 2 | 13 |
| 6 | 韓国 | 4 | 1 | 1 | 6 |
| 7 | カナダ | 3 | 6 | 4 | 13 |
| 8 | スイス | 3 | 4 | 2 | 9 |
| 9 | オーストリア | 2 | 3 | 4 | 9 |
| 10 | スウェーデン | 2 | 1 | 0 | 3 |
| 11 | 日本 | 1 | 2 | 2 | 5 |

この大会から、冬季大会は夏季の２年後に開催《かいさい》することに。日本はノルディック複合《ふくごう》団体《だんたい》で２連覇《れんぱ》を達成しました。ジャンプラージヒル団体は、おしくも銀メダルでしたが、日本中に感動を与《あた》えました。

### 第20回 2006年 トリノ大会(イタリア)

| 順位 | 国 | 金 | 銀 | 銅 | 計 |
|---|---|---|---|---|---|
| 1 | ドイツ | 11 | 12 | 6 | 29 |
| 2 | アメリカ | 9 | 9 | 7 | 25 |
| 3 | オーストリア | 9 | 7 | 7 | 23 |
| 4 | ロシア | 8 | 6 | 8 | 20 |
| 5 | カナダ | 7 | 10 | 7 | 24 |
| 6 | スウェーデン | 7 | 2 | 5 | 14 |
| 7 | 韓国 | 6 | 3 | 2 | 11 |
| 8 | スイス | 5 | 4 | 5 | 14 |
| 9 | イタリア | 5 | 0 | 6 | 11 |
| 10 | フランス | 3 | 2 | 4 | 9 |
| 10 | オランダ | 3 | 2 | 4 | 9 |
| 18 | 日本 | 1 | 0 | 0 | 1 |

フィギュアスケート女子の荒川静香《あらかわしずか》がアジア人初の金メダルを獲得しました。アルペン回転男子では、皆川賢太郎《みながわけんたろう》が４位、湯浅《ゆあさ》直樹《なおき》が７位に入り、アルペン初のふたり同時入賞となりました。

### 第19回 2002年 ソルトレークシティー大会(アメリカ)

| 順位 | 国 | 金 | 銀 | 銅 | 計 |
|---|---|---|---|---|---|
| 1 | ノルウェー | 13 | 5 | 7 | 25 |
| 2 | ドイツ | 12 | 16 | 8 | 36 |
| 3 | アメリカ | 10 | 13 | 11 | 34 |
| 4 | カナダ | 7 | 3 | 7 | 17 |
| 5 | ロシア | 5 | 4 | 4 | 13 |
| 6 | フランス | 4 | 5 | 2 | 11 |
| 7 | イタリア | 4 | 4 | 5 | 13 |
| 8 | フィンランド | 4 | 2 | 1 | 7 |
| 9 | オランダ | 3 | 5 | 0 | 8 |
| 10 | オーストリア | 3 | 4 | 10 | 17 |
| 21 | 日本 | 0 | 1 | 1 | 2 |

ニューヨークでの9.11同時多発テロの発生から５か月後に開かれた大会に、77の国と地域《ちいき》から2399人が参加しました。日本はスピードスケート男子500mで清水宏《しみずひろ》保《やす》が銀メダル、モーグル女子の里谷多英《さとやたえ》が銅《どう》メダルを獲得《かくとく》しています。

第22回
## 2014年 ソチ大会(ロシア)

| 順位 | 国 | 金 | 銀 | 銅 | 計 |
|---|---|---|---|---|---|
| 1 | ロシア | 13 | 11 | 9 | 33 |
| 2 | ノルウェー | 11 | 5 | 10 | 26 |
| 3 | カナダ | 10 | 10 | 5 | 25 |
| 4 | アメリカ | 9 | 7 | 12 | 28 |
| 5 | オランダ | 8 | 7 | 9 | 24 |
| 6 | ドイツ | 8 | 6 | 5 | 19 |
| 7 | スイス | 6 | 3 | 2 | 11 |
| 8 | ベラルーシ | 5 | 0 | 1 | 6 |
| 9 | オーストリア | 4 | 8 | 5 | 17 |
| 10 | フランス | 4 | 4 | 7 | 15 |
| 17 | 日本 | 1 | 4 | 3 | 8 |

日本勢《ぜい》は、フィギュアスケート男子の羽生《はにゅう》結弦《ゆづる》、スキージャンプ男子の葛西紀明《かさいのりあき》が活《かつ》躍《やく》。スノーボード男子ハーフパイプで15歳《さい》2か月の平野歩夢《ひらのあゆむ》が銀メダルを獲得し、日本の冬季最年少メダリストになりました。

小平の金メダルは、スピードスケート女子日本初の快挙《かいきょ》。レース後、ライバルである韓国の李相花《イサンファ》を抱《だ》きしめる姿《すがた》も話題になりました。ほかにもスピードスケート女子は、1000mで小平が銀、髙木美帆《たかぎみほ》が金、銀、銅各1個、団体パシュートが金、マススタートの髙木菜那《たかぎなな》が金など大躍進《だいやくしん》でした。

第21回
## 2010年 バンクーバー大会(カナダ)

| 順位 | 国 | 金 | 銀 | 銅 | 計 |
|---|---|---|---|---|---|
| 1 | カナダ | 14 | 7 | 5 | 26 |
| 2 | ドイツ | 10 | 13 | 7 | 30 |
| 3 | アメリカ | 9 | 15 | 13 | 37 |
| 4 | ノルウェー | 9 | 8 | 6 | 23 |
| 5 | 韓国 | 6 | 6 | 2 | 14 |
| 6 | スイス | 6 | 0 | 3 | 9 |
| 7 | 中国 | 5 | 2 | 4 | 11 |
| 7 | スウェーデン | 5 | 2 | 4 | 11 |
| 9 | オーストリア | 4 | 6 | 6 | 16 |
| 10 | オランダ | 4 | 1 | 3 | 8 |
| 20 | 日本 | 0 | 3 | 2 | 5 |

フィギュアスケートが日本の関心を集めました。女子は韓国のキム・ヨナが優勝《ゆうしょう》し浅《あさ》田真央《だまお》はおしくも銀メダル、男子は髙橋大《たかはしだい》輔《すけ》がフィギュア初のメダル(銅《どう》)を獲得《かくとく》。日本選手男女6人中5人が入賞しました。

第23回
## 2018年 平昌《ピョンチャン》大会(韓国)

| 順位 | 国 | 金 | 銀 | 銅 | 計 |
|---|---|---|---|---|---|
| 1 | ノルウェー | 14 | 14 | 11 | 39 |
| 2 | ドイツ | 14 | 10 | 7 | 31 |
| 3 | カナダ | 11 | 8 | 10 | 29 |
| 4 | アメリカ | 9 | 8 | 6 | 23 |
| 5 | オランダ | 8 | 6 | 6 | 20 |
| 6 | スウェーデン | 7 | 6 | 1 | 14 |
| 7 | 韓国 | 5 | 8 | 4 | 17 |
| 8 | スイス | 5 | 6 | 4 | 15 |
| 9 | フランス | 5 | 4 | 6 | 15 |
| 10 | オーストリア | 5 | 3 | 6 | 14 |
| 11 | 日本 | 4 | 5 | 4 | 13 |

66年ぶりにフィギュアスケート男子2連《れん》覇《ぱ》を達成した羽生、スピードスケート女子500mをオリンピック新記録で制《せい》した小平《こだいら》奈緒《なお》、史上初のメダル(銅)に輝いたカーリング女子など、日本は過去《かこ》最多となる13個のメダルを獲得しました。

# 国別メダル数ランキング

# 夏季パラリンピック編《へん》

第1回
*1960*年　ローマ大会(イタリア)

| 順位 | 国 | 金 | 銀 | 銅 | 計 |
|---|---|---|---|---|---|
| 1 | イタリア | 29 | 28 | 23 | 80 |
| 2 | イギリス | 20 | 15 | 20 | 55 |
| 3 | ドイツ | 15 | 6 | 9 | 30 |
| 4 | オーストリア | 11 | 8 | 11 | 30 |
| 5 | アメリカ | 11 | 7 | 7 | 25 |

記念すべき第１回大会は、オリンピックとともにローマで開催《かいさい》されました。23か国から車いすの400人が出場し、陸上、競泳、アーチェリー、バスケットボール、フェンシングなど８競技《きょうぎ》が行われました。

第2回
*1964*年　東京《とうきょう》大会(日本)

| 順位 | 国 | 金 | 銀 | 銅 | 計 |
|---|---|---|---|---|---|
| 1 | アメリカ | 50 | 41 | 32 | 123 |
| 2 | イギリス | 18 | 23 | 20 | 61 |
| 3 | イタリア | 14 | 15 | 16 | 45 |
| 4 | オーストラリア | 12 | 11 | 7 | 30 |
| 5 | ローデシア | 10 | 5 | 2 | 17 |
| 13 | 日本 | 1 | 5 | 4 | 10 |

第１部は車いすの種目のみで、卓球《たっきゅう》男子ダブルスの猪狩靖典《いがりやすのり》、渡部藤男《わたなべふじお》が日本初の金を獲得《かくとく》。第２部は車いす以外の障害者も参加、その後の大会のモデルとなりました。

第3回
*1968*年　ラマットガン大会(イスラエル)

| 順位 | 国 | 金 | 銀 | 銅 | 計 |
|---|---|---|---|---|---|
| 1 | アメリカ | 33 | 27 | 39 | 99 |
| 2 | イギリス | 29 | 20 | 20 | 69 |
| 3 | イスラエル | 18 | 21 | 23 | 62 |
| 4 | オーストラリア | 15 | 16 | 7 | 38 |
| 5 | フランス | 13 | 10 | 9 | 32 |
| 16 | 日本 | 2 | 2 | 8 | 12 |

参加者が750名と大幅《おおはば》にふえました。日本からは37人が参加し、陸上男子スラロームの古川久四《ふるかわひさし》と、競泳男子50m自由形の小谷《こや》内俊次《ちしゅんじ》が金メダルを獲得しています。

第4回
*1972*年　ハイデルベルク大会(西ドイツ)

| 順位 | 国 | 金 | 銀 | 銅 | 計 |
|---|---|---|---|---|---|
| 1 | 西ドイツ | 28 | 17 | 22 | 67 |
| 2 | アメリカ | 17 | 27 | 30 | 74 |
| 3 | イギリス | 16 | 15 | 21 | 52 |
| 4 | 南アフリカ | 16 | 12 | 13 | 41 |
| 5 | オランダ | 14 | 13 | 11 | 38 |
| 15 | 日本 | 4 | 5 | 3 | 12 |

オリンピックのローマ、東京大会でマラソン２連覇《れんぱ》をはたしたアベベ・ビキラは、その後車いす生活になりましたが、この大会でアーチェリーに出場し話題となりました。

第5回
*1976*年　トロント大会(カナダ)

| 順位 | 国 | 金 | 銀 | 銅 | 計 |
|---|---|---|---|---|---|
| 1 | アメリカ | 66 | 44 | 45 | 155 |
| 2 | オランダ | 45 | 25 | 14 | 84 |
| 3 | イスラエル | 40 | 13 | 16 | 69 |
| 4 | 西ドイツ | 37 | 34 | 26 | 97 |
| 5 | イギリス | 29 | 29 | 36 | 94 |
| 15 | 日本 | 10 | 6 | 3 | 19 |

ゴールボールなど３種目が加わり、視覚《しかく》障害者と切断者《せつだんしゃ》も出場《しゅつじょう》可能《かのう》になりました。日本は37人が参加して、スキー競技《きょうぎ》などで金メダル10個《こ》を獲得しました。

第6回
*1980*年　アーネム大会(オランダ)

| 順位 | 国 | 金 | 銀 | 銅 | 計 |
|---|---|---|---|---|---|
| 1 | アメリカ | 75 | 66 | 54 | 195 |
| 2 | ポーランド | 75 | 50 | 52 | 177 |
| 3 | 西ドイツ | 68 | 48 | 46 | 162 |
| 4 | カナダ | 64 | 35 | 31 | 130 |
| 5 | イギリス | 47 | 32 | 21 | 100 |
| 16 | 日本 | 9 | 10 | 7 | 26 |

脳性《のうせい》まひの選手も出場可能になりました。日本は37人が参加し、陸上女子の延元博《のぶもとひろ》美《み》が100m、やり投げ、走《はし》り幅跳《はばと》びで金を獲得、オールラウンドな力を示《しめ》しました。

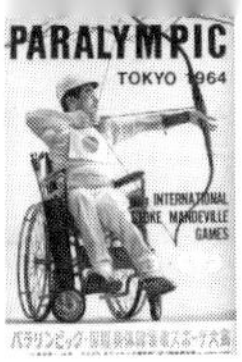


第２回東京大会のポスター。

## 第7回 *1984*年 ニューヨーク／ストーク・マンデビル大会（アメリカ・イギリス）

ストーク・マンデビル

| 順位 | 国 | 金 | 銀 | 銅 | 計 |
|---|---|---|---|---|---|
| 1 | 西ドイツ | 37 | 32 | 41 | 110 |
| 2 | カナダ | 35 | 22 | 16 | 73 |
| 3 | フランス | 34 | 30 | 23 | 87 |
| 4 | アメリカ | 30 | 34 | 48 | 112 |
| 5 | スウェーデン | 30 | 13 | 8 | 51 |
| 18 | 日本 | 6 | 5 | 3 | 14 |

車いす競技は、障害者スポーツ大会発祥《はっしょう》の地、イギリスのストーク・マンデビル病院で行われました。日本は、車いすバスケット女子が初のメダル（銅《どう》）を獲得《かくとく》しました。

ニューヨーク

| 順位 | 国 | 金 | 銀 | 銅 | 計 |
|---|---|---|---|---|---|
| 1 | アメリカ | 137 | 131 | 129 | 397 |
| 2 | イギリス | 107 | 112 | 112 | 331 |
| 3 | カナダ | 87 | 82 | 69 | 238 |
| 4 | スウェーデン | 83 | 43 | 34 | 160 |
| 5 | 西ドイツ | 81 | 76 | 75 | 232 |
| 22 | 日本 | 9 | 7 | 8 | 24 |

アメリカとイギリスの２か国で行うことになり、ニューヨーク会場では視覚障害者《しかくしょうがいしゃ》、切断者《せつだんしゃ》、脳性《のうせい》まひ者による15競技《きょうぎ》が行われました。日本は陸上で金メダル３個《こ》。

## 第8回 *1988*年 ソウル大会（韓国）

| 順位 | 国 | 金 | 銀 | 銅 | 計 |
|---|---|---|---|---|---|
| 1 | アメリカ | 91 | 90 | 91 | 272 |
| 2 | 西ドイツ | 76 | 66 | 51 | 193 |
| 3 | イギリス | 65 | 65 | 54 | 184 |
| 4 | カナダ | 55 | 42 | 55 | 152 |
| 5 | フランス | 47 | 44 | 50 | 141 |
| 14 | 日本 | 17 | 12 | 17 | 46 |

はじめてオリンピックと同じ会場で実施《じっし》されました。陸上女子400mで岡田真紀《おかだまき》が世界新記録を出して金メダルに輝《かがや》くなど、日本は過去《かこ》最高の17個の金を獲得しました。

## 第9回 *1992*年 バルセロナ大会（スペイン）

| 順位 | 国 | 金 | 銀 | 銅 | 計 |
|---|---|---|---|---|---|
| 1 | アメリカ | 75 | 52 | 48 | 175 |
| 2 | ドイツ | 61 | 51 | 59 | 171 |
| 3 | イギリス | 40 | 47 | 41 | 128 |
| 4 | フランス | 36 | 36 | 34 | 106 |
| 5 | スペイン | 34 | 31 | 42 | 107 |
| 16 | 日本 | 8 | 7 | 15 | 30 |

男子走《はし》り幅跳《はばと》びの尾崎峰穂《おざきみねほ》が世界新記録で金メダルを獲得。尾崎はニューヨーク／ストーク・マンデビル大会からアテネ大会まで６大会連続でメダル獲得しています。

## 第10回 *1996*年 アトランタ大会（アメリカ）

| 順位 | 国 | 金 | 銀 | 銅 | 計 |
|---|---|---|---|---|---|
| 1 | アメリカ | 46 | 46 | 65 | 157 |
| 2 | オーストラリア | 42 | 37 | 27 | 106 |
| 3 | ドイツ | 40 | 58 | 51 | 149 |
| 4 | イギリス | 39 | 42 | 41 | 122 |
| 5 | スペイン | 39 | 31 | 36 | 106 |
| 10 | 日本 | 14 | 10 | 13 | 37 |

104をこえる国から3000人以上の選手が参加し、過去最大規模《きぼ》の大会に。日本は81人が参加、マラソン（全盲《ぜんもう》）の柳川春巳《やながわはるみ》が２時間50分56秒の日本最高記録で金。

## 第11回 *2000*年 シドニー大会（オーストラリア）

| 順位 | 国 | 金 | 銀 | 銅 | 計 |
|---|---|---|---|---|---|
| 1 | オーストラリア | 63 | 39 | 47 | 149 |
| 2 | イギリス | 41 | 43 | 47 | 131 |
| 3 | カナダ | 38 | 33 | 25 | 96 |
| 4 | スペイン | 38 | 30 | 38 | 106 |
| 5 | アメリカ | 36 | 39 | 34 | 109 |
| 12 | 日本 | 13 | 17 | 11 | 41 |

競泳の成田真由美《なりたまゆみ》が自由形、背泳《せおよ》ぎ、個人メドレーなど６種目で金メダルを獲得する大活躍を見せました。土田和歌子《つちだわかこ》が車いすマラソンで銅メダルを獲得しています。

### 第12回 2004年 アテネ大会(ギリシャ)

| 順位 | 国 | 金 | 銀 | 銅 | 計 |
|---|---|---|---|---|---|
| 1 | 中国 | 63 | 46 | 32 | 141 |
| 2 | イギリス | 35 | 30 | 29 | 94 |
| 3 | カナダ | 28 | 19 | 25 | 72 |
| 4 | アメリカ | 27 | 22 | 39 | 88 |
| 5 | オーストラリア | 26 | 39 | 36 | 101 |
| 10 | 日本 | 17 | 15 | 20 | 52 |

陸上の高田稔浩《たかだとしひろ》が400m、5000m、マラソンの３種目で、パラリンピック記録を打ち立て、金メダルに輝《かがや》きました。日本は過《か》去最高の52個《こ》のメダルを獲得《かくとく》しました。

### 第13回 2008年 北京大会(中国)

| 順位 | 国 | 金 | 銀 | 銅 | 計 |
|---|---|---|---|---|---|
| 1 | 中国 | 89 | 70 | 52 | 211 |
| 2 | イギリス | 42 | 29 | 31 | 102 |
| 3 | アメリカ | 36 | 35 | 28 | 99 |
| 4 | ウクライナ | 24 | 18 | 32 | 74 |
| 5 | オーストラリア | 23 | 29 | 27 | 79 |
| 17 | 日本 | 5 | 14 | 8 | 27 |

国枝慎吾《くにえだしんご》が車いすテニス男子シングルスで優勝《ゆうしょう》。競泳では河合純一《かわいじゅんいち》が100mバタフライで銅《どう》、50m自由形で銀を獲得し、５大会連続のメダル獲得となりました。

### 第14回 2012年 ロンドン大会(イギリス)

| 順位 | 国 | 金 | 銀 | 銅 | 計 |
|---|---|---|---|---|---|
| 1 | 中国 | 95 | 71 | 65 | 231 |
| 2 | ロシア | 36 | 38 | 28 | 102 |
| 3 | イギリス | 34 | 43 | 43 | 120 |
| 4 | ウクライナ | 32 | 24 | 28 | 84 |
| 5 | オーストラリア | 32 | 23 | 30 | 85 |
| 24 | 日本 | 5 | 5 | 6 | 16 |

史上最多の164か国が参加しました。車いすテニス女子シングルでは、オランダのエステル・フェルヘールが、４連覇《れんぱ》を達成。男子も国枝が２連覇をはたしました。

### 第15回 2016年 リオデジャネイロ大会(ブラジル)

| 順位 | 国 | 金 | 銀 | 銅 | 計 |
|---|---|---|---|---|---|
| 1 | 中国 | 107 | 81 | 51 | 239 |
| 2 | イギリス | 64 | 39 | 44 | 147 |
| 3 | ウクライナ | 41 | 37 | 39 | 117 |
| 4 | アメリカ | 40 | 44 | 31 | 115 |
| 5 | オーストラリア | 22 | 30 | 29 | 81 |
| 64 | 日本 | 0 | 10 | 14 | 24 |

競泳の木村敬一《きむらけいいち》が銀２個、銅２個、陸上の佐藤友祈《さとうともき》が銀２個、山本篤《やまもとあつし》が銀１個、銅１個を獲得。国枝もダブルスで銅を獲得し、４大会連続でメダリストになりました。

金を３個獲得している狩野亮。

# 国別メダル数ランキング

## 冬季パラリンピック編《へん》

### 第１回 1976年 エンツェルツヴォーク大会(スウェーデン)

| 順位 | 国 | 金 | 銀 | 銅 | 計 |
|---|---|---|---|---|---|
| 1 | 西ドイツ | 10 | 12 | 6 | 28 |
| 2 | スイス | 10 | 1 | 1 | 12 |
| 3 | フィンランド | 8 | 7 | 7 | 22 |
| 4 | ノルウェー | 7 | 3 | 2 | 12 |
| 5 | スウェーデン | 6 | 7 | 7 | 20 |
|  | 日本 | 0 | 0 | 0 | 0 |

16か国の53人が、アルペンスキーとクロスカントリースキーの２競技《きょうぎ》で競《きそ》いました。日本は公式には不参加でしたが、長野県の男性《だんせい》ひとりが個人的《こじんてき》に参加しました。

### 第２回 1980年 ヤイロ大会(ノルウェー)

| 順位 | 国 | 金 | 銀 | 銅 | 計 |
|---|---|---|---|---|---|
| 1 | ノルウェー | 23 | 21 | 10 | 54 |
| 2 | フィンランド | 15 | 7 | 12 | 34 |
| 3 | オーストリア | 6 | 10 | 6 | 22 |
| 4 | スウェーデン | 5 | 3 | 8 | 16 |
| 5 | スイス | 4 | 2 | 3 | 9 |
|  | 日本 | 0 | 0 | 0 | 0 |

アイススレッジスピードレースが加わって３競技に。18か国の299人が参加。日本もこの大会から参加し、男子５選手がアルペンスキーに出場しました。

### 第３回 1984年 インスブルック大会(オーストリア)

| 順位 | 国 | 金 | 銀 | 銅 | 計 |
|---|---|---|---|---|---|
| 1 | オーストリア | 34 | 19 | 17 | 70 |
| 2 | フィンランド | 19 | 9 | 6 | 34 |
| 3 | ノルウェー | 15 | 13 | 13 | 41 |
| 4 | 西ドイツ | 10 | 14 | 10 | 34 |
| 5 | アメリカ | 7 | 14 | 14 | 35 |
|  | 日本 | 0 | 0 | 0 | 0 |

インスブルックで２大会連続開催《かいさい》。３競技に21か国の419人が参加しました。日本はアルペンスキーに12人の選手をおくりましたが、入賞者はありませんでした。

### 第４回 1988年 インスブルック大会(オーストリア)

| 順位 | 国 | 金 | 銀 | 銅 | 計 |
|---|---|---|---|---|---|
| 1 | ノルウェー | 25 | 21 | 14 | 60 |
| 2 | オーストリア | 20 | 10 | 14 | 44 |
| 3 | 西ドイツ | 9 | 11 | 10 | 30 |
| 4 | フィンランド | 9 | 8 | 8 | 25 |
| 5 | スイス | 8 | 7 | 8 | 23 |
| 14 | 日本 | 0 | 0 | 2 | 2 |

バイアスロンが加わり４競技に。日本からは14人が参加し、アルペン女子大回転《だいかいてん》座《ざ》位《い》の池田恵美子《いけだえみこ》と同男子の三野勉《みのつとむ》が、日本初のメダル（銅《どう》）を獲得《かくとく》しました。

### 第５回 1992年 ティーニュ/アルベールビル大会(フランス)

| 順位 | 国 | 金 | 銀 | 銅 | 計 |
|---|---|---|---|---|---|
| 1 | アメリカ | 20 | 16 | 9 | 45 |
| 2 | ドイツ | 12 | 17 | 9 | 38 |
| 3 | EUN | 10 | 8 | 3 | 21 |
| 4 | オーストリア | 8 | 3 | 9 | 20 |
| 5 | フィンランド | 7 | 3 | 4 | 14 |
| 19 | 日本 | 0 | 0 | 2 | 2 |

日本は15人が参加。アルペン女子スーパー大回転座位と回転座位で郷野敏子《ごうのとしこ》が銅メダルを獲得。この大会からオリンピックと同じ都市で開催されるようになりました。

### 第６回 1994年 リレハンメル大会(ノルウェー)

| 順位 | 国 | 金 | 銀 | 銅 | 計 |
|---|---|---|---|---|---|
| 1 | ノルウェー | 29 | 22 | 13 | 64 |
| 2 | ドイツ | 25 | 21 | 18 | 64 |
| 3 | アメリカ | 24 | 12 | 7 | 43 |
| 4 | フランス | 14 | 6 | 11 | 31 |
| 5 | ロシア | 10 | 12 | 8 | 30 |
| 18 | 日本 | 0 | 3 | 3 | 6 |

日本は27人が参加、アルペン男子大回転座位、回転座位で四戸龍英《しのへりゅうえい》が銀メダルを獲得、黒須高《くろすたかし》が大回転座位で銀、滑降《かっこう》座位と回転座位で銅メダルを獲得しました。

第7回
## *1998*年　長野大会（日本）

| 順位 | 国 | 金 | 銀 | 銅 | 計 |
|---|---|---|---|---|---|
| 1 | ノルウェー | 18 | 9 | 13 | 40 |
| 2 | ドイツ | 14 | 17 | 13 | 44 |
| 3 | アメリカ | 13 | 8 | 13 | 34 |
| 4 | 日本 | 12 | 16 | 13 | 41 |
| 5 | ロシア | 12 | 10 | 9 | 31 |

ヨーロッパ以外で開かれた初の冬季大会です。日本は氷上でそりに乗って行われるアイススレッジスピードレースで大活躍《だいかつやく》。松《まつ》江美季《えみき》が金３個《こ》、銀１個を獲得《かくとく》。武田豊《たけだゆたか》も金３個、銀１個を獲得しました。

第8回
## *2002*年　ソルトレークシティ大会（アメリカ）

| 順位 | 国 | 金 | 銀 | 銅 | 計 |
|---|---|---|---|---|---|
| 1 | ドイツ | 17 | 1 | 15 | 33 |
| 2 | アメリカ | 10 | 22 | 11 | 43 |
| 3 | ノルウェー | 10 | 3 | 6 | 19 |
| 4 | オーストリア | 9 | 10 | 10 | 29 |
| 5 | ロシア | 7 | 9 | 5 | 21 |
| 22 | 日本 | 0 | 0 | 3 | 3 |

初のアメリカ大陸での大会。大日方邦子《おびなたくにこ》が、アルペン女子大回転座位《だいかいてんざい》と回転座位の２種目で銅《どう》メダルを獲得。新田佳浩《にったよしひろ》のクロスカントリー銅メダルも注目を集めました。

第9回
## *2006*年　トリノ大会（イタリア）

| 順位 | 国 | 金 | 銀 | 銅 | 計 |
|---|---|---|---|---|---|
| 1 | ロシア | 13 | 13 | 7 | 33 |
| 2 | ドイツ | 8 | 5 | 5 | 18 |
| 3 | ウクライナ | 7 | 9 | 9 | 25 |
| 4 | フランス | 7 | 2 | 6 | 15 |
| 5 | アメリカ | 7 | 2 | 3 | 12 |
| 8 | 日本 | 2 | 5 | 2 | 9 |

車いすカーリングが新種目に。日本は大日方がアルペン女子大回転座位で金、滑降《かっこう》とスーパー大回転座位で銀。井口深雪《いぐちみゆき》もバイアスロン12.5kmで金メダルに輝《かがや》きました。

第10回
## *2010*年　バンクーバー大会（カナダ）

| 順位 | 国 | 金 | 銀 | 銅 | 計 |
|---|---|---|---|---|---|
| 1 | ドイツ | 13 | 5 | 6 | 24 |
| 2 | ロシア | 12 | 16 | 10 | 38 |
| 3 | カナダ | 10 | 5 | 4 | 19 |
| 4 | スロバキア | 6 | 2 | 3 | 11 |
| 5 | ウクライナ | 5 | 8 | 6 | 19 |
| 8 | 日本 | 3 | 3 | 5 | 11 |

41人が参加した日本は、新田佳浩がクロスカントリー１kmと10kmで、狩野亮《かのうあきら》がアルペン男子スーパー大回転座位で金メダル、滑降座位で銅メダルを獲得しました。

第11回
## *2014*年　ソチ大会（ロシア）

| 順位 | 国 | 金 | 銀 | 銅 | 計 |
|---|---|---|---|---|---|
| 1 | ロシア | 30 | 28 | 22 | 80 |
| 2 | ドイツ | 9 | 5 | 1 | 15 |
| 3 | カナダ | 7 | 2 | 7 | 16 |
| 4 | ウクライナ | 5 | 9 | 11 | 25 |
| 5 | フランス | 5 | 3 | 4 | 12 |
| 7 | 日本 | 3 | 1 | 2 | 6 |

45の国と地域《ちいき》から538人が参加。日本は狩野がアルペン男子滑降座位とスーパー大回転座位の２冠、回転座位の鈴木猛史《すずきたけし》も優勝し、計３個《こ》の金メダルを獲得しました。

第12回
## *2018*年　平昌大会（韓国）

| 順位 | 国 | 金 | 銀 | 銅 | 計 |
|---|---|---|---|---|---|
| 1 | アメリカ | 13 | 15 | 8 | 36 |
| 2 | 個人資格・ロシア | 8 | 10 | 6 | 24 |
| 3 | カナダ | 8 | 4 | 16 | 28 |
| 4 | フランス | 7 | 8 | 5 | 20 |
| 5 | ドイツ | 7 | 8 | 4 | 19 |
| 9 | 日本 | 3 | 4 | 3 | 10 |

アルペンスキー女子の村岡桃佳《むらおかももか》が出場全５種目でメダル獲得（金１銀２銅２）の快《かい》挙《きょ》。新種目のスノーボード男子では、成田《なりた》緑夢《ぐりむ》が金１個、銅１個を獲得しました。

参考文献

『蒼い炎』羽生結弦（扶桑社）
『明日へのタックル！』吉田沙保里（集英社）
『ウサイン・ボルト自伝』ウサイン・ボルト　生島淳・訳（集英社）
『オリンピック　ヒーローたちの物語』大野益弘（ポプラ社）
『駆け引き　高橋尚子とリディア・シモン』黒井克行（新潮社）
『風になった日』高橋尚子（幻冬舎）
『家族で獲った銀メダル』葛西紀明（光文社）
『北島康介「闘いの軌跡」』（ベースボール・マガジン社）
『君ならできる』小出義雄（幻冬舎）
『高橋尚子　走る、かがやく、風になる』早野美智代（旺文社）
『チーム朝原の挑戦　バトンは夢をつなぐ』折山淑美（学研プラス）
『羽生結弦語録』羽生結弦（ぴあ）
『写真で見るオリンピック大百科　別巻　パラリンピックってなに？』舛本直文（ポプラ社）
『パラリンピックってなんだろう？』日本障がい者スポーツ協会・監修（文研出版）
『夢はかなう』高橋尚子（幻冬舎）
『吉田沙保里　強さのキセキ』長南武（泰文堂）
『歴史　ポケットスポーツ新聞　オリンピック』菅原悦子（大空出版）
『歴史　ポケットスポーツ新聞　冬季オリンピック』菅原悦子（大空出版）
『レジェンド！　葛西紀明選手と下川ジャンプ少年団ものがたり』城島充（講談社）
（五十音順）

編集・執筆　オフィス303（常松心平、三橋太央、中根会美）
執筆　八重野充弘（p48〜53、62〜65、86〜93、100〜107、114〜117、142〜155、174〜190）
辛　仁夏（p80〜85）
山本尚央子（p120〜141、170〜173）
宮里夢子（p94〜99、108〜113）
表紙写真　フォートキシモト
本文写真　JMPA、フォートキシモト、ゲッティイメージズ、講談社資料センター
装幀　城所　潤（Jun Kidokoro Design）
本文DTP　オフィス303

本書に掲載された記録は、本文は2016年4月現在、「巻末特集
メダルの数だけ感動がある！」は2018年4月現在のものです。

世《よ》の中《なか》への扉《とびら》
すごいぞ！
オリンピックパラリンピックの大記録《だいきろく》

2016年 4 月27日　第1刷発行
2021年10月 1 日　第5刷発行

発行者　鈴木章一
発行所　株式会社　講談社
〒112-8001　東京都文京区音羽2-12-21
電話　編集　03-5395-3535
販売　03-5395-3625
業務　03-5395-3615
印刷所　株式会社新藤慶昌堂
製本所　株式会社若林製本工場

KODANSHA


N.D.C. 916　191p　20cm　ISBN978-4-06-287018-4